eye.

守望者

——

到
灯
塔
去

安德烈·塔可夫斯基
访谈录

Andrei Tarkovsky
Interviews

〔美〕约翰·吉安维托 编 史敏 译

Edited by John Gianvito

南京大学出版社

Andrei Tarkovsky: Interviews
Edited by John Gianvito
Copyright © 2006 by University Press of Mississippi
Published by agreement with University Press of Mississippi, 3825 Ridge-
wood Road, Jackson, MS 39211. Website: www.upress.state.ms.us
Simplified Chinese Edition Copyright © 2023 by NJUP
All rights reserved
江苏省版权局著作权合同登记　图字:10-2020-330

图书在版编目(CIP)数据

安德烈·塔可夫斯基访谈录 /(美)约翰·吉安维托
编;史敏译. —南京:南京大学出版社,2023.9(2024.1重印)
　　书名原文:Andrei Tarkovsky:Interviews
　　ISBN 978-7-305-27049-9

　　Ⅰ.①安… Ⅱ.①约…②史… Ⅲ.①安德烈·塔可
夫斯基—访问记 Ⅳ.①K835.125.78

　　中国国家版本馆 CIP 数据核字(2023)第 130755 号

出版发行　南京大学出版社
社　　址　南京市汉口路 22 号　　　　邮　编 210093
ANDELIE TAKEFUSIJI FANGTAN LU
书　　名　安德烈·塔可夫斯基访谈录
编　　者　[美]约翰·吉安维托
译　　者　史　敏
责任编辑　顾舜若　　　　　　　　编辑热线(025)83597520
照　　排　南京紫藤制版印务中心
印　　刷　南京爱德印刷有限公司
开　　本　787mm×1092mm　1/32　印张 12.125　字数 180 千
版　　次　2023 年 9 月第 1 版　2024 年 1 月第 2 次印刷
ISBN 978-7-305-27049-9
定　　价　68.00 元

网　　址:http://www.njupco.com
官方微博:http://weibo.com/njupco
官方微信:njupress
销售咨询热线:(025)83594756

目　录

引　言

　　纵观当代电影艺术家,能够像安德烈·塔可夫斯基一样让人心潮澎湃、热血沸腾的,恐怕寥寥无几。对于塔可夫斯基的拥趸来说,与他每一部影片的邂逅,几乎都是一次直击内心的美的享受,令人连连惊叹。对于他的贬损者而言,同样的电影却只会让人感到惊恐不已、无聊万分和厌恶至极。如果以每个人的倾慕者作为判断标准,那么在群星璀璨的电影史上,塔可夫斯基的地位不可动摇,因为在其电影生涯中,塔可夫斯基获得了众多著名导演——如英格玛·伯格曼、黑泽明、米开朗基罗·安东尼奥尼和谢尔盖·帕拉杰诺夫——以及许多电影界和非电影界一流艺术家的尊崇。

伯格曼在其 1987 年的自传《魔灯》(*The Magic Lantern*)中谈到了塔可夫斯基。他毫不掩饰地说,自己与塔可夫斯基作品的相遇近乎"一个奇迹。突然我发现自己站在一个房间门口,但直到那时,也没有人把房间钥匙给我。这个房间是我一直想进入的地方,而他却能在里面轻松自由地游走。我的心情激动又亢奋:有人表达了我自己一直想说却不知道怎么表达出来的东西。对于我来说,塔可夫斯基是至高无上的,他发明了一种贴合电影本质的新语言,捕捉了映象般的生活,如梦般的生活"。1987 年,就在塔可夫斯基逝世几个月之后,黑泽明说,他觉得塔可夫斯基有"超乎寻常的敏锐度,势不可挡,令人震撼,几乎到了病态的程度。这在当今的导演圈内恐怕无人可及"[①]。在同一时期,法国《解放报》(*Liberation*)进行了一次世界范围的调查,问亚美尼亚导演谢尔盖·帕拉杰诺夫:"你为什么要拍电影?" 他的回答很简单:"为

---

① From Mayuzumi Tetsuro, "Kurosawa: 'Tarkovsky Was a Real Poet,'" *Asahi Shimbun Newspaper*, April 15, 1987. 由 Sato Kimitoshi 为网站 Nostalghia.com 从日语译出。——原注

了致敬塔可夫斯基的亡灵。"早前,帕拉杰诺夫也曾公开表示,如果没有看过塔可夫斯基的第一部长片《伊万的童年》,他就无法拍出自己的杰作《被遗忘的祖先的阴影》(*Shadows of Forgotten Ancestors*)。后来,他还把自己最后一部完整的电影《吟游诗人》(*Ashik Kerib*)献给了这位朋友和同僚。类似的赞誉之词并不仅限于欧洲的高雅艺术导演之间。

史蒂文·索德伯格放下身段重拍《索拉里斯》时,除了澄清沸沸扬扬的谣言,声明自己是依据斯塔尼斯瓦夫·莱姆的原著而非塔可夫斯基的电影重拍,他也直截了当地表达了对塔可夫斯基版本《索拉里斯》的赞美之情,称其为"一株红杉",而自己的只是"一个盆栽"。① 已故的美国实验电影导演斯坦·布拉哈格对塔可夫斯基作品的喜爱近乎狂热[布拉哈格曾记下特柳赖德电影节(Telluride Film Festival)期间的逸事——他战战兢兢地在酒店房间的墙上为塔可夫斯基放映自己的电影],他认

---

① From Geoff Andrew, "Again, with 20 Percent More Existential Grief," *Guardian*, February 13, 2003. ——原注

为塔可夫斯基是"当代最伟大的叙事电影导演"。布拉哈格强有力地详述了自己的观点:"20世纪的电影有三大任务:一是创作史诗,讲述世界各个群体的故事;二是聚焦个人,因为只有于个人生活的怪异之处,才能发现真理;三是拍摄梦境般的作品,照亮无意识的边界。我认为,安德烈·塔可夫斯基是唯一一位在每部电影中都能实现并平衡三者的导演。"①

塔可夫斯基从事导演事业二十年,创作故事片仅七部,却能获得如此殊荣,足见其成就之伟大。实际上,这本访谈录的问世,一方面是出于对其电影作品(就主题范围及——借用乔纳森·罗森鲍姆的说法——纯粹的"肉体影响"而言)的崇高敬意,另一方面也是塔可夫斯基本人的吸引力使然。当然,如果想要洞察塔可夫斯基的思想,深入了解其电影手法,他的电影及美学理论合集《雕刻时光》(*Sculpting in Time*)仍是不二之选。这也是一部让我不断温故知新的作品——我不仅有感于其对电影

---

① From Stan Brakhage, "Telluride Gold: Brakhage Meets Tark-ovsky," *Rolling Stock* 6 (1983): 11-12. ——原注

本质及特点、对艺术的目的反思之深刻，也受益于其对生活本身真正意义的思考之丰富，塔可夫斯基总是直面这些关键问题，从不怯懦。尽管这些反思不及一次次与塔可夫斯基电影邂逅（这可能是真正的学习）所带来的感受强烈，或者说不可磨灭，但我始终有一种冲动，想要进一步了解这位艺术家。

　　我读过塔可夫斯基的一些英语访谈，很是欣赏，于是对其他我不懂的外语访谈内容产生了兴趣。现在呈现在各位读者面前的这本书就是我发现的大部分成果。尽管这一汇编无法涵盖塔可夫斯基一生中接受的全部采访，但是我希望这本书能让读者广泛了解塔可夫斯基的导演生涯，从 1962 年《伊万的童年》在威尼斯电影节上首秀一战成名后，塔可夫斯基接受的第一批采访，到 1986 年 12 月他逝世前接受的最后一批采访。

　　塔可夫斯基对待采访者的态度一向谨慎。1984 年，他这样对伊雷娜·布热日纳说道："还没有哪位记者写的采访稿让我满意……记者抛出问题后，并不关心采访者的回答，而只在意自己的笔记。"塔可夫斯基的担忧事出有因：每次记者向他抛出的问题总是出奇地相似，毫无新意。类似的问题反复出现：为什么他的电影里既有黑白又有彩色的画面？在东西方创作电影有何不同之处？谁是他最喜爱的导演（答案几乎不变）？当然最让人抓狂的是，尽管他一次次劝说大家不要过分解读其电影中的意象——"如果你去探究意义，反而会错过发生的一切……分析一部作品必然会毁了它"——但人们依然在问：塔可夫斯基电影中的水象征什么？在《镜子》中，那个女人为什么要飘在空中？《潜行者》中的"区"有什么含义？1969年，塔可夫斯基在接受法国电影杂志《正片》(*Positif*)的长篇采访时，使用了"象征"(symbol)一词，不过很快他就发现，这个术语远远无法描述诗性意象暗示的丰富含义。

塔可夫斯基在接受布热日纳的采访之始，就引用了歌德的名言——"要想得到聪明的答案，就要问出聪明的问题"，由此不难发现，面对采访他坐立不安。尽管这种针尖对麦芒的对抗，在很大程度上与布热日纳是女性有关[有点讽刺意味的是，在我看来，很明显布热日纳在《顶端》(*Tip*)上的采访堪称本书其他采访的典范，是一次非常诚恳真挚的交流]，不过塔可夫斯基明白，让自己的观点接受检验并非坏事。"老实说，我认为自己是那种最擅长通过争辩形成观点的人，我信奉真理越辩越明的观点。"塔可夫斯基在《雕刻时光》中如是说。这本书的暂定名为《并置》（*Juxtapositions*），因为作者说它的"结构是开放式的，极力避免细致的谋篇布局：须从多种不同观点的并置中得出结论"。但在这些早期的采访中，更为引人注目的一点是，塔可夫斯基许多电影和艺术哲学的信条已然生根发芽。

在1962年的威尼斯电影节上，吉迪恩·巴赫曼问及塔可夫斯基的电影理论基础。他答道，自己"不赞同戏剧发展中的文学性和戏剧性原则。我认为，这与电影的特质格格不入……电影不需要解释，而应该直接去影响观众的情感。正是这种被唤醒的情感推动着思绪前进"。他告诉巴赫曼："我正在探索蒙太奇原理，借此展现主观的逻辑（subjective logic）——思想、梦境、记忆——而不是被拍对象的逻辑（logic of the subject）。"这已经预示了他的自传式杰作《镜子》等电影在形式上的复杂性。1971年接受瑠姆·阿布拉莫夫的采访时，塔可夫斯基说道："我发现——就我自己的经验而言——如果电影画面外在的、情感的建构基于导演本人的记忆，基于电影结构与个人经历的密切联系，那么这部电影就能打动观众。"虽然这种说法适用于他的所有电影，但我们从中可以再次发现《镜子》的种子正在萌芽。

塔可夫斯基形式原则的核心观点是，与所有其他艺术形式相比，电影最特别之处在于如实捕捉和保存时间流的能力。《正片》1969 年关于《安德烈·卢布廖夫》的访谈是塔可夫斯基第一次就该电影接受西方媒体的采访，他表示正在寻找电影这一媒介本身的典型特质，能够让自己和其他人打上个人烙印，显然他还没有形成明显的风格偏好。在同一场采访中，塔可夫斯基称自己为"传统导演"，公然反对实验电影，这无疑会让一些读者感到非常困惑。"爱森斯坦能够坦然进行实验的原因在于，当时电影业尚在起步阶段，实验是唯一可行的方式。而如今电影业体系已然建立，就不该再进行实验了。"尽管我们可能认为这意味着塔可夫斯基思想尚未成形，但 1984 年在伦敦与观众的对话（本书收录的观众见面会之一）中，塔可夫斯基谈到执导《镜子》时因试图决定其形式而遭遇剪辑上的较量，实验这个话题再次出现了。塔可夫斯基认同雕塑家罗丹的观点，他坚信"真正的艺术家不会去实验或者寻找——他总在发现",他确信自己的作品实现了外在与内在结构的和谐统一,这种形式上的创新与实验电影不可混为一谈。安德烈·卢布廖夫在15世纪圣像画受到苛责的夹缝中创新,他在现实生活中可以算是一位传统主义者,或许仅仅是从这个意义上来说,塔可夫斯基认为自己是传统主义者。还有一种可能。应该注意到,《正片》1969年的这次采访正值电影在苏联五年搁置期的第三年,这种情况显然无法在报道中明说。鉴于此,不难理解塔可夫斯基需要小心谨慎,不能透露出自己或作品的革命性。不过塔可夫斯基在日记中频频提及"政治阴谋"和"干预",怀疑苏联国家安全委员会在自己的信件上动手脚、监视自己的公开讲演等,当然在苏联公开化政策实施前,所有走出国门的俄罗斯艺术家都会受到一定形式的监视。由于时局的敏感性,有时候就要说些假话或者"遮遮掩掩的"事实,比如1981年,塔可夫斯基告诉《视与听》(*Sight and Sound*)杂志,《镜子》"从未受到当局的封禁"。但是塔可夫斯基日记中的内容截然相反,他描述了苏联中央电影机构高斯影业(Goskino)的高层如何亲自阻挠《镜子》去戛纳参展。三年后,他才向

《超时》(*Time Out*)刊物道出此番实情,而那时他已经过痛苦的抉择,决定移居西方世界。他将自己在苏联从事创作遭遇的种种困难,以及《镜子》在国内发行的诸多阻碍一股脑儿倒给了安格斯·麦金农。

其他主题方面也存在前后不一致的情况。长期以来,塔可夫斯基一直不认同对电影中多个意义不明的元素进行单一解读。1986年,他与劳伦斯·科塞谈到《潜行者》时,宣称"'区'并不存在,它是潜行者自己虚构出来的"。这一解读似乎让电影中出现的许多神秘事件都变得无从解释了。

塔可夫斯基在采访中一再重复的话,同时也是其作品话语体系中占主导地位的词句,展现了近乎救世主般的追求,可以说是对人类灵魂的救赎。"我认为,艺术被赋予了一个艰巨的任务。这个任务就是复兴精神性。""我认为人从本质上看是精神存在,人生的意义在于精神性的精进。如果人类做不到,就会世风日下。""艺术应当提醒人类,他是一种精神存在,是广阔无际的精神体的一部分,而这个精神体也是其最终归宿。"在电影界,从来没有哪个导演像塔可夫斯基在访谈中一样,反复固执地使用"精神上的"和"精神性"这两个词。① 如何用最好的方式治疗人类的"精神无力感",这个问题一次次被提出、揭露和审视,与此相关的对话也是本书中最丰富多彩、曲折繁复的内容。

在谈到《安德烈·卢布廖夫》时,塔可夫斯基强调,他认为卢布廖夫艺术的价值就在于,在满是磨难和不公的时期,重塑了人们对"未来的信心"。塔可夫斯基向《正片》解释道,尽管安德烈·卢布廖夫"目睹和亲历了世间疾苦",但他并未传达"生活和周遭世界不能承受之重"。相反,他"在同时代人中寻找希望、爱和信念的点点微光。这些都是通过他与现实的斗争表现出来的,不是直截了当,而是微妙的表达,这就是其天才所在"。类似地,在谈到《潜行者》时,塔可夫斯基告诉阿尔多·塔索内:"在这个信仰崩塌的时代,燃起一簇火花,点亮人们心中的信仰,这是潜行者的重要任务。"塔可夫斯基认为,艺术若要实现其功能,必须致力于建立凡人和上帝之间的桥梁。

---

① 在本书中,"spiritual"和"spirituality"这两个词反复出现。前者根据语境,译法有所不同,如"精神上的"或"精神";后者译为"精神性"。(若无特别说明,本书脚注均为译注。)

这种艺术的诞生，必然离不开艺术家的痛苦挣扎和道德磨砺。塔可夫斯基相信，或者说希望相信艺术救赎和感化的巨大力量。"艺术形象使灵魂变得开阔，正因为此，我们才说艺术形象帮助我们交流，而且这种交流是最高意义上的交流。"[《框架》（*Framework*）]塔可夫斯基的观点一针见血。他很少表达疑惑，不过在与布热日纳的谈话中，他却罕见地表示："有时候，我觉得自己的工作领域很荒谬。还有比我的工作更重要的事情。如何妥善处理这些事情，如何在其中找到自我，艺术到底有没有积极的一面，这些才是问题所在。"尽管偶有困惑不解之时，但塔可夫斯基不会换一批参演人员，来完成更有实用意义的作品。他也无法想象改变自己的职业，因为放弃内心的艺术追求便是对自我的亵渎。"我们……不应该肆意挥霍自己的才能，因为我们无权将其视为自己的所有物。"

莱昂纳德·科恩曾说，成为艺术家不是一个决定，而是一次"决断"。塔可夫斯基的观点与其别无二致，他认为自己所从事的职业是一项具有重大责任的"任务"。塔可夫斯基深受 19 世纪俄罗斯传统的影响，在他看来，艺术家应当是"人民"(对于塔可夫斯基来说就是俄罗斯人民)的声音和良知。这种颇有些居高临下意味的观点,不仅在安德烈·卢布廖夫的人物塑造上显露无遗,也是塔可夫斯基在创作生涯中绝大多数情况下奉为圭臬的准则。不过,不知是去国离乡的坎坷,还是其一生对于自我成长的追求使然,1986 年 1 月在与劳伦斯·科塞的访谈中,他似乎又抛弃了这一观点。"我的愿望也不再是向俄罗斯人民表达什么。那种预言式的姿态——'我想告诉我的同胞''我想告诉世界'——我再也不感兴趣了。我不是预言家。上帝赋予我成为诗人的潜质,就是让我和教堂里的信徒不同,是换一种方式祈祷。"几个月后的 4 月末,塔可夫斯基在接受托马斯·约翰逊的采访(该访谈在他去世后发表)时,再次将艺术家描述为"收集并提炼人民的观点和看法"之人,"他为人民发声"。之前他在其他场合还说过:"即使有时艺术家声嘶力竭地否认这一点。"

在所有公开的采访内容中,最让读者感到不安的莫过于塔可夫斯基关于女性及其社会角色的落后言论。细心的观众注意到,长期以来,塔可夫斯基电影中对于女性形象的塑造少之又少,不仅人物数量和镜头不多,表现的维度也相当有限。如果不是这个原因，瑞士心理学家伊雷娜·布热日纳绝对会对塔可夫斯基的作品一见倾心；也正是因为这种情况，她才会对塔可夫斯基穷追不舍，力求挖掘这种空白的根源所在。而布热日纳得到的回答让她大吃一惊，读者看到这篇采访，也会像我初读时那样惊讶不已。"我觉得女性的意义、女性之爱的意义就是自我牺牲。这是女性的伟大之处。"虽然自那时起直至去世，塔可夫斯基本人也在探索牺牲的丰富含义，但1984年他接受布热日纳采访时，仍认为牺牲的利他主义核心和自我牺牲是一回事。相应地，塔可夫斯基认为，女性若想实现生命的价值，必须时刻准备着将自我奉献给所爱之人。他曾不吝言辞地谈起单身女性的"不正常"，并宣称"这些女性没有明白，只有在两性关系中对男性全身心投入，才能找到自己的尊严"。除此之外，塔可夫斯基反对女同，甚至对此避而不谈，不禁让人将这种反对、忽略及其关于男女关系"理想"状态的有力观点，与传言所称塔氏作品中的双性恋联系起来。撇开这个不谈，尽管这样赤裸裸的沙文主义言论在当时的苏联乃至更多地区并非绝无仅有，但艺术家的敏锐和普通人的天真让塔可夫斯基判若两人，这着实令人吃惊。塔可夫斯基告诉布热日纳："现在女性的社会地位已经不像过去那样恶劣，再过几年就能达到平衡。"同年，他向伦敦的观众表示："如果要问我对女性导演的看法，我不会回答的，因为你翻翻艺术史就知道了。"从这些言论来看，他却表现得不像个圣人或者预言家。天赋不可挥霍浪费，不过如果是女性那就另当别论了。人们常常提及塔可夫斯基的父亲阿尔谢尼颇有诗歌才能，但同时也需指出，其母玛丽亚·伊凡诺夫娜据说极具文学天赋。不过在这种流行观点之下，再加上早年与丈夫离异，她不得不独自抚养两个孩子，这种天赋毫无用武之地。

值得称赞的是，塔可夫斯基公开表示，他始终对根深蒂固的信仰体系持怀疑态度，在各类采访中，塔可夫斯基也显现出他持之以恒的自省特质。他曾向一位观众坦言："你说我在作品中自我中心的倾向明显；我不仅不会否认，我还要说这就是我的信条。"他同样在布热日纳的采访中证实，有价值的信息绝不止自传中挖掘出来的这些："自大是人类不懂得自爱的迹象，体现了他对爱的定义存在误解。这是所有事情扭曲的根源。"在同一场采访中,他也坦承:"我也是自己最可怕的敌人,我不停追问自己,我会不会攻克自己。这是我生命的意义所在。"在《世界报》(Le Monde)上与埃尔韦·吉伯特的对话中,塔可夫斯基批评自己"缺乏耐心和宽容",并且重申,想改变世界就必须先改变自己。"如果每个人都能拯救自己,那么就没有必要去拯救他人了。我们总是喜欢给建议、做指导,却忽略了自己心里最深重的罪恶。"

显然,塔可夫斯基作品中关于灵魂的探究意义深远,不过从另一方面看,这里也存在着塔可夫斯基所谓的"托尔斯泰情结",就像他告诉吉迪恩·巴赫曼的那样,"找不到准确的自我定位",我们每个人都会发现自己"徘徊于精神理想与在物质世界存在的必要性之间"。在塔可夫斯基的思想中,这种进退维谷的困境,以及其给艺术家带来的关于作品社会功能方面的压力,经历了一个演化过程。1973 年,在东德杂志《电影与电视》(Film und Fernsehen)上,塔可夫斯基是贝托尔特·布莱希特"艺术武器论"的坚定拥趸,同时也对贝托鲁奇早期带有浓厚政治色彩的电影表示支持。然而到了晚年,塔可夫斯基的观点逐渐与希波的奥古斯丁一致,他将关注的重心放在了上帝之城而不是人类之城上。塔可夫斯基向内的自我探索在电影的主题和形式上得到了呼应，这样的转变也让其作品的末世感日益增强，至少是更加明显了。完美的作品需要完美的形式。对于塔可夫斯基来说，这种追求的集大成之作便是 1983 年问世的《乡愁》。

　　塔可夫斯基曾多次在采访中说，当他第一次看到自己的作品时，总会有"突然又意外"的发现展现在面前。他在《大众传媒》（*MassMedia*）上与韦利亚·亚科维诺说道，《乡愁》成片后，他才完完全全地"相信电影是种伟大的艺术形式，它甚至能再现灵魂的不可捉摸之处"。他告诉吉迪恩·巴赫曼，他从来没有想象到，电影能够如此清晰地呈现他的心理状态。思乡心切的俄罗斯诗人安德烈·戈尔恰科夫就是这种心理状态的化身，他在意大利四处游荡，寻访已故俄罗斯作曲家的生活足迹。影片向我们讲述道，作曲家索斯诺夫斯基在返回俄罗斯的前夕染上酗酒的恶习，最终自杀。在银幕上，多米尼克这一角色试图以自我牺牲唤醒社会良知，而戈尔恰科夫返回俄罗斯前，亲手接过象征信仰的烛火，内心也受到了深刻的洗礼。于塔可夫斯基而言，《乡愁》成了一部讲述生存之不可能的作品，是关于人在面对悲惨世界时的无力中苦苦挣扎的故事。对于许多人而言，不难发现这部电影也是塔可夫斯基本人即将经历的危机的前兆，因为就在影片完成后不久，他和妻子做出了很痛苦的抉择，决定移居西方世界。

塔可夫斯基向苏联当局申请延长旅居国外的时间，却没有得到回应。但他可以确定的是，如果返回苏联，他将无法继续从事导演工作。于是1984年7月，塔可夫斯基在米兰的新闻发布会上宣布自己不再回国。一位记者询问他是否在意大利寻求庇护，他反呛道："我现在讲的是戏剧。你不要问我政治方面的问题。哪个国家？我不知道。这就好像问我想在哪块墓地埋葬我的孩子一样。"当时，塔可夫斯基的子女仍在俄罗斯。塔可夫斯基反复思考这一决定，一个月后，他告诉安格斯·麦金农："我简直想象不出以后在这儿要如何生活。我真的说不准能不能应对这一切，也不知道当一切风平浪静后，我还能不能重新振作起来。"麦金农问他，在拍摄《乡愁》的过程中是否已经产生了离开俄罗斯的想法。塔可夫斯基否认了，同时表示，政治上或实际意义上的考量也是自己追寻艺术的产物。"不过第一次从头到尾看完电影后，我非常恐惧。影片所营造的场景，几乎就是我成长的环境，"塔可夫斯基说完还补充道，"我真的不想再看一遍了——就像生病的人不愿看到自己的 X 光片一样。"对塔可夫斯基而言，这一比喻可谓很贴切。艺术家难舍故土，以及背井离乡、流离失所的极大痛苦，历来是各个民族、各个时代的主题，在俄罗斯文化中表现尤甚。对于像塔可夫斯基这样的人而言，这样的言论似乎预示着在劫难逃的结局。1986 年 12 月 29 日（星期一）凌晨两点左右，安德烈·塔可夫斯基孤身一人，逝于巴黎郊区纳伊的哈特曼癌症诊所房间内，终年五十四岁。

塔可夫斯基在瑞典完成《牺牲》的拍摄后，就确诊了癌症。在病床上，他坚持指导并监督完成了电影的后期制作。在为数不多的采访中，塔可夫斯基谈到了未来的拍摄计划：故事背景设置在纪念碑谷（Monument Valley）的英语戏剧《哈姆雷特》，关于德国浪漫主义作家 E. T. A. 霍夫曼的酝酿已久的影片，还有圣安东尼的番外故事。尽管采访仅透露了影片拍摄计划中部分引人入胜的细节，但可以确定的是，和塔可夫斯基之前的每部电影一样,这些影片始终与人类探索自身存在的意义有关。不过,很难从这些只言片语中推测出,塔可夫斯基在这些探索中最终达到了何种境界。在人生尽头接受的采访中,有一次他还提道:"如果(人)对这些问题感兴趣,哪怕只是问一问自己这些问题,他就已经在精神上得到了救赎。答案是什么不重要。"

电影能够代表人类艺术追求的最高境界,这是塔可夫斯基坚信的观点,而他自己对于"意义"的探索则最终落脚于电影的诞生和经久不衰的成就——看到这些电影,我一次次想起弗朗西斯·培根的名言:"艺术家的职责就是不断深化神秘性。"

与本系列的其他书一样,这本访谈录没有对访谈原始的发表形式做出调整。因此,读者有时会看到同样的问题和答案多次出现。不过未经删减的形式,更能让读者感受到同一问题,以及一致(或不一致)的回答的价值所在。

我非常感谢影评人杰拉尔德·皮尔里,感谢他鼓励我加入此系列图书的创作,并将我引荐给丛书编辑彼得·布鲁内特。我也要谢谢布鲁内特先生,感谢他欣然同意为安德烈·塔可夫斯基推出一卷访谈录。

我要特别感谢安德烈·塔可夫斯基国际研究院的院长夏尔·H. 德·布朗特，感谢他向我开放研究院的资源，耐心细致审阅书稿，准许出版塔可夫斯基最后的采访，同时感谢他在本书漫长的孕育过程中，始终坚定不移地支持我。

同时，我要真心感谢小安德烈·塔可夫斯基，感谢他同意出版本书中其父的言论。

本书能顺利完成，绝对离不开大批译者的慷慨帮助和辛勤努力。与他们在译稿上的巨大付出相比，我给予的酬劳微不足道。这些译者包括蒂姆·哈特、瓦西里基·卡萨鲁、卡琳·科尔布、杰克与尤利娅·马哈菲、塔尼娅·奥特、苏珊娜·帕尔、苏珊娜·罗斯伯格、肯·舒尔曼、黛博拉·西奥多，以及萨斯基亚·瓦格纳。此外还要感谢弗兰克·科伊奇和阿拉·科夫甘为译稿做了审校。

我要特别感谢密西西比大学出版社的编辑和员工——茜塔·斯里尼瓦桑、安妮·斯塔斯卡瓦奇和瓦尔特·比金斯。他们顶着一次次交稿时间的压力，全力以赴投入本书的出版项目中。我要向他们的高效和专业致以崇高的敬意与感谢。

最后，如果没有下面这两个人的特别奉献，这本访谈录就无法问世，而且我确信一定会呈现出不同面貌，内容的丰富性也会大打折扣。感谢唐·莱维首次公开塔可夫斯基的图片，感谢塔米·达德曼鼓励我仔细揣摩、深入思考塔可夫斯基话语背后的含义。

年　表①

1932年　4月4日,塔可夫斯基出生于莫斯科北部的尤里耶韦茨,伏尔加河畔一个名叫札弗洛塞的村子,是阿尔谢尼·亚历山德罗维奇·塔可夫斯基和玛丽亚·伊凡诺夫娜·维什尼亚科娃的长子。

1934年　10月3日,妹妹玛丽娜出生。

1937年　阿尔谢尼·塔可夫斯基与家人分居。

---

① 本书收录的访谈中,有些事情发生的时间与该年表中的时间不符,均按原文译出,未做改动。

1951 年　塔可夫斯基进入东方语言学院学习阿拉伯语。

1953 年　根据吉尔吉斯黄金协会的安排，塔可夫斯基随
　　　　　一支地质考察队前往西伯利亚中北部的图鲁
　　　　　汉斯克探险。

1954 年　塔可夫斯基通过激烈竞争成功进入莫斯科电
　　　　　影学院学习，师从米哈伊尔·罗姆。

1956 年　塔可夫斯基以欧内斯特·海明威的故事为基
　　　　　础，与同学亚历山大·戈登和马利卡·贝库合
　　　　　作执导短片《杀手》。

1957 年　塔可夫斯基与同学厄玛·劳施结婚。夏天，与
　　　　　亚历山大·戈登合作执导电视电影短片《今天
　　　　　不离去》。

1958 年　受 1953 年在针叶林地质探险的经历启发，塔
　　　　　可夫斯基创作六页纸的剧本《提炼》。

1960 年　塔可夫斯基开始筹备毕业电影《压路机和小提
　　　　　琴》，剧本是与安德烈·康查洛夫斯基合写的。

1961 年　塔可夫斯基完成电影《压路机和小提琴》，以优
　　　　　异的成绩从莫斯科电影学院毕业。该电影获
　　　　　得纽约学生电影节一等奖。莫斯科电影制片

厂决定放弃让爱德华·阿巴洛夫拍摄《伊万的

童年》,随后塔可夫斯基受雇负责该片的拍摄。

1962年 《伊万的童年》斩获威尼斯电影节金狮奖,塔可

夫斯基迅速赢得国际声誉。他在旧金山国际

电影节获得金门奖最佳导演奖。9月30日,劳

施诞下两人的大儿子阿尔谢尼。塔可夫斯基

在马林·胡茨耶夫的《那年我二十岁》(*I Am*

Twenty)中出演了一个小角色。

1963年 塔可夫斯基和安德烈·康查洛夫斯基合写的

《安德烈·卢布廖夫》台本得到苏联政府批准。

1964年 《安德烈·卢布廖夫》剧本全文在《电影艺术》

(*Iskusstvo Kino*)杂志上发表。4月,塔可夫斯

基获得正式的制作许可。他执导了根据威廉·

福克纳短篇故事《调换位置》("Turnabout")改编

的广播剧[霍华德·霍克斯1933年的电影《命

限今朝》(*Today We Live*)也据此改编]。

1966年 塔可夫斯基完成《安德烈·卢布廖夫》的拍摄

(此时电影还是原名《安德烈的激情》)。他按

要求进行一系列删减后,提交了第二个和第三

个版本。尽管电影在莫斯科电影摄影中心试映时反响热烈，塔可夫斯基还是被要求继续修改。他拒绝做出任何修改，自此时起，这部电影开始了在苏联的五年搁置期。

1967年　塔可夫斯基向莫斯科电影制片厂提交简短大纲，与剧作家亚历山大·米沙林共同创作了一部作品，先后命名为《自白》(*Confession*)、《晴朗的一天》(*A Bright Day*)、《白日》(*A White, White Day*)，最终定名为《镜子》。塔可夫斯基还参与了妹夫亚历山大·戈登的电影《谢尔盖·拉佐》(*Sergey Lazo*)的创作，并在其中扮演了一个白卫队军官的小角色，不过未被列入演职人员名单。

1968年　10月，塔可夫斯基提交了创作计划，准备依据波兰作家斯塔尼斯瓦夫·莱姆的科幻小说《索拉里斯》创作电影剧本。他与阿图尔·马卡罗夫共同为喜剧冒险电影《一个机会》(*One Chance in a Thousand*)创作了剧本，电影由莱昂·科恰良和巴格拉特·奥加尼西安执导。

1969 年　塔可夫斯基继续与弗雷德里克·格伦斯廷创作《索拉里斯》剧本。《安德烈·卢布廖夫》以非竞赛电影参加戛纳电影节，并进行了非公开放映，获得国际影评人奖。

1970 年　塔可夫斯基开始拍摄《索拉里斯》。6 月，他与厄玛·劳施离婚，与拉瑞莎·帕夫洛娃结婚，两人相识于《安德烈·卢布廖夫》拍摄期间。8 月 7 日，两人的儿子安德烈出生。《安德烈·卢布廖夫》在巴黎上映。

1971 年　12 月 20 日，《安德烈·卢布廖夫》终于在苏联电影院正式上映。塔可夫斯基与弗雷德里克·格伦斯廷再度合作，将亚历山大·别利亚耶夫的童话《阿里埃尔》(Ariel)改编为剧本《轻风》(Light Wind)，讲述了一个会飞的小男孩的故事。

1972 年　塔可夫斯基在莫斯科高斯影业教授高级编剧和导演课程，为了赚取收入，这件事他做了很多年。《索拉里斯》在戛纳上映，获得评审团特别奖，并拿下英国电影学会当年的最佳影片奖。

1973 年　3 月,塔可夫斯基在日记中写道:"时机已到,我已做好准备拍摄人生中最重要的作品。"7 月,他开始拍摄《镜子》。

1975 年　塔可夫斯基完成《镜子》。他创作剧本《霍夫曼尼娜》(*Hoffmanniana*),讲述德国浪漫主义诗人 E. T. A. 霍夫曼的故事。

1976 年　塔可夫斯基开始在列宁共青团剧院排演《哈姆雷特》。他与斯特鲁加茨基兄弟合作,将其小说《路边野餐》(*Roadside Picnic*)改编为剧本《潜行者》。

1977 年　塔可夫斯基执导的《哈姆雷特》首演,由安纳托利·索洛尼岑、玛格丽特·捷列霍娃和茵娜·丘里科娃出演。《潜行者》在爱沙尼亚拍摄三个月后暂停,因为胶片存在技术问题,加上塔可夫斯基对某些工作人员不满,并且在艺术方面,他对影片有更深层的不满。

1978 年　4 月,塔可夫斯基突发心脏病。他重写剧本《潜行者》,并进行二次拍摄。为了赚取收入,他与

亚历山大·米沙林共同创作《撒铎》(*Sardor*)，

并称其为"塔吉克式的西方剧"。

1979年　塔可夫斯基完成《潜行者》。他创作剧本《注

意，毒蛇！》(*Look Out, Snake!*)，由乌兹别克斯

坦导演扎基尔·萨比托夫执导。他两度前往

意大利，开始与托尼诺·格拉共同创作一部剧

本。该项目起初名为《意大利之旅》，后来《乡

愁》就是在此基础上创作的。同时，格拉和塔

可夫斯基在拍摄一部小型纪录片《旅行时

光》①，记录他们探寻这部电影的过程。其母于

10月5日去世。

1980年　《潜行者》在戛纳上映，广受好评。塔可夫斯基

回到意大利，并完成《乡愁》剧本的创作。

1981年　塔可夫斯基前往瑞典并尝试留在西方，但未成

功。他萌发创作剧本《女巫》(*The Witch*)的

想法。

---

① 该纪录片通常译为《雕刻时光》，但为了与塔可夫斯基所著《雕刻时
光》区别开来，此处译为《旅行时光》。

1982 年　塔可夫斯基开始拍摄《乡愁》。

1983 年　《乡愁》在戛纳斩获三个奖项,其中包括与电影
　　　　《钱》(L'Argent)的导演罗伯特·布列松共同
　　　　获得的最佳导演奖。塔可夫斯基开始创作《牺
　　　　牲》的剧本。他执导的《鲍里斯·戈都诺夫》
　　　　(Boris Godunov)在伦敦的考文特花园上演,由
　　　　克劳迪奥·阿巴多担任音乐指导。

1984 年　7 月,塔可夫斯基在米兰召开新闻发布会,并宣
　　　　布,因苏联政府拒绝授予其在意大利无限期居
　　　　留的许可,他决定不再返回苏联。塔可夫斯基
　　　　声称,如果回到祖国,"我就会失业"。他于年
　　　　底搬往西柏林。

1985 年　塔可夫斯基于春天前往瑞典,拍摄《牺牲》。年
　　　　底,他被诊断出癌症。

1986 年　1 月起,塔可夫斯基开始在巴黎接受治疗。1
　　　　月 19 日,其子安德烈、岳母安娜·叶戈尔金娜
　　　　抵达巴黎。他关于电影和美学理论的著作《雕
　　　　刻时光》出版。《牺牲》在戛纳上映,并获得评
　　　　审团特别奖。他草拟了电影《破坏者》(The

Destructor)的故事梗概,关于一个身患绝症的十三岁男孩和他对一位年长女性的爱恋。12月29日,周一,约凌晨两点,塔可夫斯基逝世,终年五十四岁。

塔可夫斯基：我为诗意电影而生

帕特里克·比罗/1962 年

他今年三十岁，生于伏尔加河畔，祖籍莫斯科。这是一个诗人之家、文人之家，绘画和音乐是一家人痴迷的爱好。塔可夫斯基可以被归入我们所谓的"苏联新浪潮"，不过他是如何走进电影殿堂的呢？

"研究了一段时间东方文明后，我去西伯利亚干了两年地质勘探，接着又回到莫斯科，进入莫斯科电影学院学习，师从米哈伊尔·罗姆，1961 年获得学位。我执导过两个短片，其中一个是《压路机和小提琴》，总体来说，这是一次折中主义的尝试，后来我去了莫斯科电影制片厂，执导了《伊万的童年》。"

帕特里克·比罗（以下简称比罗）：在电影处女作中，你想表达什么？

安德烈·塔可夫斯基（以下简称塔可夫斯基）：我想表达对战争的深恶痛绝。之所以选择童年这个阶段，是因为它与战争的对比最强烈。影片不以情节取胜，而是从战争和孩子的感受之间的对立切入。小男孩全家被杀，影片开始时，他已处于战争之中。

比罗：你有没有在电影中融入一些自己的个人经历？

塔可夫斯基：这个确实没有，因为上一次战争期间我还很小。不过我也表达了自己曾经的内心感受，毕竟这是一场我们都无法忘记的战争。

比罗：影片的拍摄情况是什么样的？

塔可夫斯基：1961年夏天，我花了四个月时间拍摄，然后用了近两个月时间剪辑。影片总共花费二百五十万卢布，算是中等预算的作品。

比罗:我们能不能把你算作苏联新浪潮中的一员?

塔可夫斯基:我可能算是,但我讨厌这种程式化的定义。

比罗:我和你一样,也不喜欢这种归类,不过我想把你置于苏联电影的大潮中来审视。如果你愿意的话,能不能告诉我哪类苏联电影能代表你? 这类电影在哪些方面与你联系最密切?

塔可夫斯基:现今在苏联,有几种倾向各行其道,几乎互不干涉,正因为此,我才能找到自己的定位。比如说,"格拉西莫夫派"将探寻生命中的真理奉为圭臬。这种倾向影响深远,拥有大批追随者。而另外两种似乎更为现代的倾向则初露锋芒。它们起源于 20 世纪 30 年代,但直到苏共二十大后,这两种倾向才得到解放和发展,其被束缚的能量也得以释放。那么这两种倾向是什么呢? 一种是"诗意电影",以丘赫莱依的《士兵之歌》(*Ballad of a Soldier*)和米哈伊尔·卡利克的《跟随太阳走的人》(*Sandu Follows the Sun*)为代表,其中后者可以媲美拉摩里斯的《红气球》(*The Red Balloon*),在我看来，甚至比《红气球》高明得多。我认为自己可以归属诗意电影一派，因为我不会遵照严格的叙事发展和逻辑关联。我不喜欢为主人公的行为寻找合理性。我投身电影事业，其中一个原因就是，我看过的许多电影都无法满足我对电影语言的期待。

另一种是米哈伊尔·罗姆提出的"思想电影"。尽管我曾是他的学生，但我无法对此发表任何言论，因为我不理解这种电影。

当然，所有艺术都是具有思想的。但在我看来，所有艺术首先应当是有感而发、随心而动的，电影更是如此。

比罗：你认为新生的苏联电影业和诗歌发展是并驾齐驱的吗？

塔可夫斯基：我不这样认为，因为苏联的诗歌和新生电影发展的根基不同。诚然，两者有相似之处，发展时间也差不多，但我个人并不十分认同叶夫图申科的观点，他应该表达得更直截了当、情深意切。我不知道最终的走向如何，但我会选择那条偏向情感的路。与叶夫图申科相比，我更喜欢简洁精炼的表达方式。

比罗：现在苏联正经历电影危机吗？

塔可夫斯基：当然没有。每次电影放映都座无虚席，甚至放映室都不够用。电影业没有面临危机的一个原因在于，电视没有与我们构成竞争关系。电视与电影功能不同，而且功能上也不及电影重要。可以肯定，电视还没有找到自己的发展路径。

（没等我抛出每次采访结束前都会问的老生常谈的问题，塔可夫斯基就主动谈起了自己心驰已久的计划。）

塔可夫斯基：这是一部关于 15 世纪俄罗斯圣像画家安德烈·卢布廖夫的电影。关于卢布廖夫的文献寥寥无几，我们只知道他的几幅作品，其中《三位一体》（The Trinity）现藏于莫斯科特列季亚科夫画廊，是这幅作品给了我电影创作的灵感。看到此画像，我就能想象德米特里·顿斯科伊①在位的那个恐怖时期的生活状况。我不想拍历史片，我想塑造这位才华横溢的画家，展现他的作

---

① 德米特里·顿斯科伊（1350—1389），莫斯科大公，1359 年至 1389 年在位。

品随时间流逝而日益光彩夺目。我试图记录时光的流转,展现时间与艺术家的多种关联:他如何从三位一体的抽象想法出发,让我们深切感受到人类的兄弟情谊。无论在何种情况下,我都未远离现实。

"Andrei Tarkovsky: I Am for a Poetic Cinema" by Patrick Bureau from *Les Lettres Francaises*, no. 943 (September 13–19, 1962). Translated from French into English by Susana Rossberg and John Gianvito.

遇见安德烈·塔可夫斯基

吉迪恩·巴赫曼/1962 年

最近,我们报道了《伊万的童年》这部在卡罗维发利(Karlovy Vary)和威尼斯引起轰动的影片。凭借这部影片,塔可夫斯基(同所有年轻的苏联导演一样,毕业于莫斯科电影学院)成为俄罗斯电影的革新者之一。在波谲云诡的威尼斯电影节上,吉迪恩·巴赫曼与塔可夫斯基有过一次私下接触。他写下了这篇偏日常风的采访。

他是一个局促不安的人,三十来岁,不过看起来比实际年龄年轻许多。他的穿搭是典型的苏联风:一件敞开穿着的衬衫,衣领下一条围巾,绕在脖子上。抽动的前额上蓄着短发。颧骨宽且突出,凸起的下巴上方,两片薄薄的嘴唇常常紧紧地闭着。在记者发布会上,他夸张地做着手势,常常忘了手里的话筒,因而声音时高时低。在影节宫的舞台上,由于翻译障碍,他不禁像跳舞一样,试图用肢体语言回答记者的问题,表达自己的想法。谈话的核心在于,人们指责塔可夫斯基是形式主义者,有趣的是,意大利媒界的极右派[《资本界》(Il Borghese)]和极左派[《工人世界》(Mondo Operaio)]都对其提出了这种指责。塔可夫斯基似乎不是第一次听到这种指责,他对这些批评已经司空见惯,觉得都是站不住脚的。他几乎没有注意这些批评意见,转而试图谈论自己关于作品的鲜明观点。他想(在这群老练的电影节常客面前,塔可夫斯基天真地表达了自己的观点,而这些人向来是对这种简单的想法持怀疑态度并嗤之以鼻的)在电影制作中重新引入诗性意象。还没等到代表团团长例行公事的介绍,他便迫不及待地说道,苏联电影,尤其是 20 世纪 30 年代的电影,以肩负责任为传统,而他的责任就是充分挖掘这种传统蕴含的价值。塔可夫斯基像是在讲授入门课程一样,如爆豆一般从嘴里蹦出一串名字:普多夫金、爱森斯坦和杜辅仁科;以及战前伟大的俄罗斯电影。面对记者们的压力,他承认,20世纪20年代,特别是从诗性角度来看,是俄罗斯电影更为关键的发展阶段,不过他很巧妙地以30年代的电影《恰巴耶夫》(Chapayev)为例,论证了自己的理论。塔可夫斯基想表达的意思在三种语言间的接力翻译中渐渐流失,他也变得越来越不耐烦,说得越来越多,观众听懂的内容却越来越少。

在这种情况下,我们想进行一次私下采访。最终,我们在傍晚俄罗斯鸡尾酒会和晚餐的间隙,抓住了采访的机会。不过,新的问题又出现了。仅仅在简单的介绍之后,译员便因为喝了伏特加不胜酒力而无法继续翻译了。接下来,我们发现塔可夫斯基懂一点英语,加上我们掌握的一点俄语,我们尽量传达了想问的问题。后面就让塔可夫斯基尽情表达,他的话可以后期从磁带中转录出来。

吉迪恩·巴赫曼(以下简称巴赫曼):你觉得自己是"苏联新浪潮"中的一员吗?

安德烈·塔可夫斯基(以下简称塔可夫斯基):从苏联特别的趋势来看,我们并没有"新浪潮"。我现在三十多岁,自然被划归为俄罗斯最年轻的一代电影导演。我们这一代导演在探索形式和内容的关系上煞费苦心。在俄罗斯电影界,这个问题从未被充分探讨过,是我们这一代首先考虑到,如果内容过于依赖形式,可能会导致粗俗化的结果。

巴赫曼:过去两年里,我们能察觉到俄罗斯电影强劲的形式变革。你认为这种形式上的松绑是什么原因?

塔可夫斯基:探寻新形式往往是因为需要新的表达方式。比如说,现在我们不可能从亲历战争之人的角度来展现战争。在我的电影中,我尝试从同龄人的视角来呈现战争。这是从现在的角度评判过去,我是在描绘,如果当时身处战乱,我会经历怎样的场景。我曾亲眼见证战争在精神上对人的摧残,而如今,我们这一代人又一次站在战争这一问题面前。战争是最具现实意义的话题,我们的新视角则迫使我们寻找新的形式来表现这一话题。

巴赫曼:在构思方面,鉴于现在各种各样的新生事物层出不穷,你一定面临着许多争议。

塔可夫斯基:如今在苏联,关于能否通过个人特质来表现当代问题的讨论正热火朝天。我们争论的主题就是:"我"可以代表整个群体吗?同时,对于这个问题的探索也有助于年轻的艺术家寻找自己的特质。在过去,这样的找寻非常困难,就连表达自己也很难实现。我不需要告诉你为何这个过程如此艰难。不过现在苏联正经历重大的变化,这让艺术家可以——比如说——采用以小见大的形式。因此,并不存在什么"新浪潮",不过是艺术家们百花齐放的风格罢了。

巴赫曼:苏联选送电影在威尼斯首秀,实属罕见,尤其是如此具有开创意义的电影。选送环节是不是也有不少讨论?

塔可夫斯基:是这样的。电影制作完成后,我们第一时间把作品送到了米哈伊尔·罗姆等老同事面前。电影放映结束后,罗姆告诉我,他认为影片揭示了年轻人的前进方向。总体上来看,老一辈导演对电影的认同度超过了我的预期。我知道老一辈导演看待事物的角度不同,他们感兴趣的形式并非在此，而且这些主题带给他们的兴奋感远不及带给我们新一代的。尽管如此，罗姆、卡拉托佐夫和乌鲁谢夫斯基等一众老同事还是向我表示祝贺，说影片延续了苏联电影的传统。不过，电影的形式问题也引发了广泛讨论。但我发现这些讨论大多是毫无根据、浮于表面的。我和同事们历经艰难的内心挣扎，才成就这部影片，因此我们不想看到电影遭受轻率的指摘或者没有理论依据的议论。我们希望大家能够严肃地、带着崇敬之情来看待这部作品。现在它赢得了众多赞赏者，我认为这部电影是成功的。

巴赫曼：对于下一部电影，你有想法了吗？

塔可夫斯基：下一部电影我想围绕 15 世纪伟大的俄罗斯画家安德烈·卢布廖夫展开。我感兴趣的话题是艺术家的个性与其所处时代之间的关联。得益于与生俱来的敏锐度，画家对时代的深刻领悟和完美复刻的能力超凡脱俗。

我不准备拍一部历史题材或者传记类的电影。让我深深着迷的是画家安德烈·卢布廖夫在艺术领域渐臻成熟的过程,是对其天赋的剖析。安德烈·卢布廖夫的艺术代表着俄罗斯文艺复兴的最高峰;他是俄罗斯文化史上的杰出人物之一。他的艺术和生平为我们提供了丰富的素材。

在创作剧本前,我们研究了诸多历史资料和记录,主要是想确定哪些素材不能在电影中使用。比如说,对于通过服装、布景和语言来表现当时的历史风格,我们不那么感兴趣。历史细节不过是让观众相信故事确实发生在15世纪,它们不应该分散观众的注意力。平平淡淡的布局装饰、普通(但是让人深信不疑)的服饰、景色,还有现代的语言——这一切都有助于我们讨论最关键的内容,而不会分散观众的注意力。

电影将由几个片段组成,这些片段在逻辑上并没有直接联系,而是通过内在主题联系起来的。我们还没有决定这些故事以什么样的顺序出现;也许是按时间顺序,也许不是。我们想要按照这些故事对于卢布廖夫个性演变的意义来谋篇布局,这些故事戏剧性地互相关联,共同展现画家决定创作恢宏的三位一体圣像画的心路历程。同时,我们也不想对传统戏剧理论亦步亦趋,我们不会运用经典的隔离手法、条理分明的图示法,因为它们会阻碍对生活之丰富多彩和纷繁复杂的充分表达。

巴赫曼:你认为艺术家的个性与所处时代之间有怎样的关系?可以简单阐述一下吗?

塔可夫斯基:不妨称之为个性的辩证法。人经历过的每个事件,都会变成其性格、观念乃至自身的一部分。因此,电影中的这些"事件"不应该仅是为了构成"主人公"所处的背景。以艺术家为题材的电影往往遵循这样的套路:主人公看到了一个事件,接着他开始在观众面前思考这个事件,然后在作品中表达自己的想法。在我们的电影中,从头到尾都不会有卢布廖夫创作圣像画的场景。他只是一个活着的人物,甚至不是每个片段中都有他的存在。我们准备把电影的最后一部分拍摄成彩色影片,专门讲述卢布廖夫的圣像画。实际上,我们也会像拍纪录片那样,细致展现它们的样子。每幅圣像画在银幕上出现时都伴随着主题曲,这配乐同样出现在描绘卢布廖夫人生的相应片段——象征着构思该圣像画的阶段——中。

我们坚持设计这样的电影结构,意图非常明确:我们想展现性格的辩证法,探索人类心灵的发展历程。

巴赫曼:你一直在说"我们",还有哪些人会参与这部电影的制作?

塔可夫斯基:《伊万的童年》的制作团队将在这部关于卢布廖夫的电影中继续与我并肩战斗:电影摄影师维迪·尤索夫、艺术指导叶夫根尼·切尔尼亚耶夫和作曲家维亚斯拉夫·奥夫奇尼科夫。我确信这些人与我意气相投。

巴赫曼:你的作品中有没有理论原则?可以用几句话概括一下吗?

塔可夫斯基:新想法进入观众意识的唯一途径,就是想法开创者信任观众。观众和开创者之间必须建立起平等的对话关系。除此之外别无他法。即使对于开创者来说有些事情已经不言自明,想要把这些东西强塞进观众的头脑中也是错到离谱的。诚然,我们需要照顾观众的审美观念,但是决不能牺牲或者放弃开创现代电影的责任。在任何情况下都不能屈服于落后的受众品位。

我不赞同戏剧发展中的文学性和戏剧性原则。我认为，这与电影的特质格格不入。在当今的电影中，太多角色存在的意义仅仅是向观众解释事件发生的背景情况。电影不需要解释，而应该直接去影响观众的情感。正是这种被唤醒的情感推动着思绪前进。我正在探索蒙太奇原理，借此展现主观的逻辑——思想、梦境、记忆——而不是被拍对象的逻辑。

我希望找到一种构思方法，它源自人类的处境和心理状况，也就是说，来源于客观影响人类行为的条件。这是再现心理真实的首要前提。

"Encounter with Andrei Tarkovsky" by Gideon Bachmann from *Filmkritik*, no. 12 (December 1962). Translated from German into English by Tanya Ott and Saskia Wagner.

淬炼

《埃克兰》杂志/1965 年

在莫斯科安德罗尼科夫修道院的一个小房间里,安德烈·卢布廖夫度过了生命中的最后几年。如今,以他的名字冠名的古代俄罗斯文化艺术博物馆就坐落在那里。导演安德烈·塔可夫斯基专门献给艺术家安德烈·卢布廖夫且以其名字命名的电影,有几个片段就是在修道院的院子里取景的。经过漫长而细致的计划,又经过漫长而细致的拍摄,影片长达近三个小时,而这些片段只是其中很小的几个部分。整个过程中,人们付出了艰辛的努力,承受了巨大的压力,也在无数次失望中寻找到希望的曙光。其中有数不清的想法涌现,有不少恐惧,亦充满想法变成现实的快乐……现在我们站在修道院的院子里，看着这些巧妙的布景，一时间竟分辨不出哪些是拍摄搭建的，哪些是原始的建筑。

在这里，在留存至今的古迹和重建的古建筑间，15世纪和20世纪相融，我们站在这里，又一次思考起历史与现实如何在这部恢宏错杂的电影中交汇融合。我们说"又一次"，是因为这些思考（当然不仅仅是我们的思考）最早出现于安德烈·康查洛夫斯基和安德烈·塔可夫斯基创作的电影剧本面世之时。我们阅读剧本时，不仅感受到品读优美散文的愉悦（因为剧本也是一种有价值的独立文学作品），也产生了一些疑问，而这些问题只有导演本人才能解答。现在，我们得到了向他提问的机会。

"为什么要选卢布廖夫？"我们问安德烈·塔可夫斯基。

"因为，"他答道，"卢布廖夫是个天才。换句话说，他是一个以残酷敏锐性来观察世界的人，对于遇到的每样事物，对其他人习以为常、不以为意的事情，他都能保持极度敏感。同时也因为艺术家始终是社会的良心。不过这也只是我们选择卢布廖夫的一半原因。卢布廖夫这个人物之所以吸引我们，是因为人们对于其生平的了解少之又少。也就是说，我们在塑造这个人物时，可以完全自由地建构他的个性，无须受到传记故事的束缚，也不用考虑人们根深蒂固的先入之见。"

采访者：也就是说，是历史本身引发了你们的兴趣。那么这部关于卢布廖夫的影片是不是大量吸收我们这个时代观点的作品？

安德烈·塔可夫斯基（以下简称塔可夫斯基）：在我看来，历史本身不是艺术的主题。有些电影对历史的刻板描绘变成了对当下的逃离，这让我无法理解。当然，这并不意味着直接的指涉与关联。各种各样的暗示与对权威似有若无的挑战在当代性和深刻性上对电影并无助益。这些都是小事了。对我来说更重要的是，把这些历史素材仅作为表达自己观点、创造当代人物的理由。如果只从科学的、史学的或者艺术历史的角度来评价我们的作品，那就太悲哀了。这种审视艺术的观点甚至可以扼杀一直忠实于其所处时代的莎士比亚，不管他是描述真实的古罗马人恺撒，还是虚构的丹麦人哈姆雷特。

采访者：尽管关于卢布廖夫生平的资料相当贫乏，但关于电影中所呈现时代的研究却非常丰富，相关文献也卷帙浩繁，导演都仔仔细细地研究过。我们所看到的布景，不仅在这里，还有在弗拉基米尔，竟然都与那个时代别无二致。这种高度还原性同样体现在服装、家具，以及修道院、农庄和王宫的外观上。

塔可夫斯基：我们努力不在电影中出错。我们不允许把电影拍成格格不入的异类，也不接受刻板的东西。这其中就包括语言的刻板。电影角色说的是每个人都能理解的现代俄语，没有使用古老的表达或是最新的术语。电影中不应该有妨碍理解或者让观众从关键事物上分神的东西。

采访者：我们在《法老》(Pharaoh)片场采访耶尔齐·卡瓦莱罗维奇时，讨论了同样的话题。他认为以历史为题材的电影，摆脱他所说的"自发运动"这种刻在现代人骨子里的东西，要比完全忠实于历史时期更重要。他电影中人物的步态、姿势、言谈举止均与我们这个时代大不相同。

塔可夫斯基：我认为这分散了观众的注意力，让他们从最主要的事情上分心。我要再次重申，在这部关于卢布廖夫的电影中，我们用尽了各种方法，努力不让观众注意到任何异域元素。

（片场一如既往地繁忙，拍摄一个场景需要花些时间。熙熙攘攘中，一位又高又瘦的修道士走上了我们坐的巴士，静静地坐在了角落里。此人便是电影的主演，来自斯维尔德洛夫的安纳托利·索洛尼岑。）

采访者：数轮试镜后，为什么塔可夫斯基最终选择了他？

塔可夫斯基：当然，最重要的原因是，我在他身上感受到了与我想象中的卢布廖夫最贴切的关联。不过还有别的原因。我在选角时，不希望将角色固化，以免落入千篇一律的窠臼。我们最不在意演员的外表，最为关注的是电影中的角色与演员艺术气质之间的内在联系。

采访者:那安德烈·卢布廖夫是什么样子的? 你们钟爱的这个角色,为什么能得到我们观众的喜爱?

塔可夫斯基:在那个时代,人们面临外国势力的压迫,贫困和不公压得他们喘不过气,生活死气沉沉,而卢布廖夫在他的艺术中表达了对未来的希冀和信心。他创造了一个崇高的道德理想。当时的圣像画都是对圣人形象的传统再现,是人们崇拜的对象,仅此而已。但卢布廖夫不同,他极力展现世界海纳百川的包容和灵魂的宁静。探寻灵魂至高无上的平静、永恒与和谐是他毕生的理想,也正是这样的理想,让他创作出至今仍有现实意义的伟大作品。

在影片中,我们让他历经磨难,终得救赎,在激情与热爱中寻找快乐,这些一开始他是拒绝的。在电影中我想表达的主题是,在矢志不渝地追寻理想的过程中,个人经历淬炼,这种理想让其热血沸腾。

采访者:这与《伊万的童年》的主人公是同一类型的人物。

塔可夫斯基:我想改编的斯塔尼斯瓦夫·莱姆的小

说《索拉里斯》中的主人公、弗雷德里克·格伦斯廷著名的故事《带小塔楼的房子》(*House with a Little Tower*)中的主人公都是这个类型。我正在筹备一部改编作品,其主人公走向成熟,全心寻找过去并从中得到解脱。瞧,至少我是专一的。

"The Burning" from *Ekran*, 1965, 154 – 157. Translated from Russian into English by Jake Mahaffy and Yulia Mahaffy.

古俄罗斯和新苏联的艺术家

米歇尔·西芒、鲁达·施尼策尔和让·施尼策尔/1969年

在莫斯科电影节上，安德烈·塔可夫斯基消失得无影无踪。在法国发行商的安排下，《安德烈·卢布廖夫》在戛纳的亮相大获成功，引起苏联政府不满，所以塔可夫斯基选择避而不见是明智的举动。任何关于他的宣传只会导致可疑的模棱两可，或肆无忌惮的利用。以下对话是塔可夫斯基唯一一次接受外国杂志采访。他在此次采访中发表的言论记录在录音带上，由于苏联媒体对他的电影只字未提，所以这些言论别具价值。莫斯科的一些讨论足以让我们估量该电影对开明群体的重要性，以及塔可夫斯基在一代代导演心中的声望。他真实又不失聪

慧,严肃而认真,灵感广泛多样,又倾尽七年心血打磨作品,这些都为他赢得了大家的尊敬。他的作品为所有力求开辟新天地的导演树立了标杆。虽然他的电影面向所有人,但最重要的是,它们传达了整个知识阶层面临的重重困难及其满怀的愿景。除了塔可夫斯基的这些言论外,我们找不到其他对苏联电影的未来更好的思考。

米歇尔·西芒(以下简称西芒):你是如何成为导演的?

安德烈·塔可夫斯基(以下简称塔可夫斯基):1932年,我出生在伏尔加河畔,在我祖父母家里,当时我父母去那儿休养。此后经历了……一系列乏味的事情。我从音乐学校毕业,又画了三年画……这些都是中学时的事。

接着战争开始了。我们回到了我出生的地方。战争结束时,我完成了中学学业。1952年,我进入东方语言学院,学习阿拉伯语。两年后我离开学院,因为我意识到那里不适合我……你了解阿拉伯语吗?它是一种数学语言,这种语言有严格的规则,你需要用词根来表示不同的语调或者语法状态。这些和我都不对路。后来我去西伯利亚做了两年地质勘探。1954年,我进入莫斯科电影学院,在米哈伊尔·罗姆工作室学习。1960年,我从电影学院毕业。我的毕业作品是《压路机和小提琴》,这是一部对我来说很重要的作品,因为在拍摄过程中,我结识了摄影指导维迪·尤索夫和作曲家维亚切斯拉夫·奥夫奇尼科夫,后来他们都是我的工作伙伴。

鲁达·施尼策尔:他们是和你一起从莫斯科电影学院毕业的吗?

塔可夫斯基:不是,尤索夫很早就从莫斯科电影学院毕业了,而奥夫奇尼科夫在莫斯科音乐学院完成学业。1962年,我拍摄完成《伊万的童年》后,开始和安德烈·康查洛夫斯基一起构思《安德烈·卢布廖夫》的剧本。我们创作了剧本,并于1966年春天完成电影拍摄。目前,我刚刚完成一部剧本,是根据波兰小说家斯塔尼斯瓦夫·莱姆的科幻作品《索拉里斯》改编的。我已经把剧本提交艺术委员会审核,准备尽快开始电影拍摄。

让·施尼策尔:我想再了解一下这部科幻小说。它是一种社会预测吗？

　　塔可夫斯基：不是，电影中没有任何社会题材。它探究的是道德与知识之间的关系。

　　让·施尼策尔：众所周知，公众围绕《安德烈·卢布廖夫》中的史实错误，展开了激烈的争论。比如，有人坚持认为卢布廖夫和狄奥凡不可能共事，因为他们生活在两个不同的世纪。不过，专业书似乎证实了你们的观点。不得不说，我们确实对卢布廖夫的一生知之甚少。你们是否收集了关于卢布廖夫的历史资料并由此做出推理？

　　塔可夫斯基：我不想谈论尊不尊重史实的问题。我们调用了大量文件资料，试图最大限度接近真实的历史。我们也聘请了很多顾问全程指导，他们毫无保留地认可了我们的观点。不过我可以告诉你们我对此的看法：这不是不尊重历史事实的问题，而是在拍电影时，我们基于初衷，在某种程度上改变了电影的重心。我们的目的不在于一帧一帧地展现发生在那个时代的所有事件。我们想做的是，追寻卢布廖夫在那个可怖时代所走的道路，展现他如何战胜所处时代。因此，我们选择将某些事件一笔带过。卢布廖夫所战胜的困难主要是道德上的，要彰显他克服的这些困难，我们突出强调的内容是非常必要的。如果没有这些，影片结尾的胜利感便无处可寻，这部电影也就失去了存在的理由。

另一方面，恩格斯有一个精妙绝伦的观点：艺术作品中蕴藏的思想越隐蔽、越深邃，作品的水平就越高。我们走的也是这个路线。我们在电影氛围里、在人物身上、在不同人物的冲突中，都浸透了我们的想法。可能也正是因为这样，在这部电影中，纯粹的正史尽管没有沦为背景，也在时间氛围中淡化了。这或许是一种接近历史的不同寻常的方式，因此让一些人产生了关于史实错误的讨论。我觉得误解的根源就在这里。

西芒：在《安德烈·卢布廖夫》中，你精心编排了一系列错综复杂的镜头顺序，这与爱森斯坦的电影手法不同。而谈到你的电影时，人们常常会把你和爱森斯坦弄混。

塔可夫斯基：怎么说呢？我非常尊敬谢尔盖·爱森斯坦，不过我觉得他的美学观点比较西化，坦白讲，不适合我。在《战舰波将金号》（*Potemkin*）及其早期作品中，他追求的细节和镜头下的"悲惨现实"让我深受启发，但这不包括他"悲剧剪辑"的手法。爱森斯坦的《亚历山大·涅夫斯基》(*Alexander Nevsky*)和《伊凡雷帝》(*Ivan the Terrible*)等晚期作品均在工作室中拍摄完成，爱森斯坦只是将先前勾画的草本搬上银幕。这个方法完全不适合我，因为这与我的剪辑理念大相径庭。

电影总是建立在与现实的连接之上，每个镜头都是对现实的复刻——这一点我们在爱森斯坦早期的电影中也会发现——因此，我认为电影是最具现实性的艺术。至于我与爱森斯坦的相似之处，那是影评家的事。我无法从这个角度评价自己的电影。鉴于我与爱森斯坦在画面现实风格和剪辑原则上的差别，我认为我们是风格迥异的。电影的独特之处在于可以定格时间。电影捕捉时间，并按照捕捉到的时间推进，就像一组循环往复、无休无止的美学计量单位。没有其他任何艺术具备这种特性。画面越写实，越贴近生活，就会呈现出越多的真实时间——不是碎片化的，不是再现的……当然，电影中的时间是碎片化的、再现的，但电影与现实紧密联结，交相融合。

关于剪辑，我的原则是这样的：电影就像一条河，而剪辑必须像大自然本身一样，极尽自然之势。也正因为此，我一帧帧剪辑，不是为了从更近的角度观察事物，也不是想用精简的场景为观众营造紧张感。在我看来，我们仍在时间的怀抱中，也就是说，如果想要看得更近，不一定要用特写镜头拍摄事物——至少我的观点是这样。而加快节奏也不意味着要使用更短的镜头。因为事件本身的发展可以加快，也可以创造出新的节奏，一个长镜头就能展现出种种细节——这取决于电影的构思。因此，在上述两个例子中，爱森斯坦的方式并不适用。此外，我认为电影制作的精髓并非两个场景之间的碰撞，爱森斯坦曾说这种碰撞会产生第三种概念。相反，在我看来，第 n 个镜头是第 1 个、第 2 个、第 3 个……第 5 个……第 10 个……与第 n−1 个镜头的总和，也就是之前所有镜头的总和。于是，我们根据某个镜头与其之前镜头的关系，创造出这个镜头的意义。这就是我的剪辑原则。

在我看来，一个单独的镜头本身是没有意义的。它只有成为整体的一部分，才能实现其完整性。要是这个镜头已经蕴含此后会发生的事情——那就更好了。它常常是不完整的——电影拍摄便是如此——因为这会让大家思考后面将发生什么。我知道爱森斯坦在他最后写的某封信中——可能不是最后一封信（这是莫斯科电影学院导演系斯沃尔卓夫教授告诉我的）——放弃了自己的剪辑原则和表演色彩浓厚的电影场景的风格，转而支持一系列与我的观点更接近的新观点。不过他还没来得及实践这些观点，便撒手人寰了。

西芒：在爱森斯坦的《伊凡雷帝》甚至《亚历山大·涅夫斯基》中，人物是电影的核心。而在《安德烈·卢布廖夫》中，我觉得是从画家的视角来看世界，而且说到底，卢布廖夫所生活的社会与卢布廖夫本人至少扮演着同样重要的角色。这些似乎与爱森斯坦塑造人物的"主角"概念存在本质不同。

塔可夫斯基：我们想要在电影中实现的正是通过主人公的视角来看待世界。不过我想再说一句——也是希望终结关于我和爱森斯坦之间关系的问题——我在你们杂志上读到了尤其让人欣慰的内容，比如说，你们能看到我在创作过程中并未与传统划清界限。对此我还想多说几句。我认为如果没有传统作为基础，就创作不出任何严肃的东西，原因有两点。第一个原因是你斩不断自己的俄罗斯血统，切不断与祖国之间的连接，丢不掉自己所爱，抛弃不了祖国电影及艺术的过往，因此无法与故土割裂。这些都是你摆脱不掉的。这是我自认为是传统主义者，是一名传统导演的主要原因。第二个原因是，所谓的"新"电影在试图自我更新的过程中，尝试从原则上与传统分道扬镳，这从本质上看是实验性的。这些电影志在成为未来电影艺术的新起点。我认为自己没有实验的权利，因为我对所做的一切抱有绝对认真的态度：我从一开始就希望得到结果，但从实验中是得不到结果的。

爱森斯坦能够坦然进行实验的原因在于，当时电影业尚在起步阶段，实验是唯一可行的方式。而如今电影业体系已然建立，就不该再进行实验了。不管怎么说，我个人是不喜欢实验的。实验耗时费力，而且我认为每个人都必须对自己在做的事情胸有成竹。艺术家不该再草草成稿，也不该再模棱两可地勾勾画画——他必须创作出重要的电影。

最后我想说，如果一定要把我和某个人相比，这个人应当是杜辅仁科。他是第一位将氛围置于无上地位的导演,他也是故土深沉的热爱者。我和他一样深爱着祖国,这也让我觉得他格外亲近。我还想说的是,他好像把他的电影当作一处处菜园子、一片片花园。他会亲自浇水,亲手培育所有的东西……他对于那片土地和那群人的热爱,让影片中的人物仿佛是从那片土地上成长起来的一般。他们是有血有肉、完整无缺的。我非常希望在这个方面向杜辅仁科看齐。如果没有做到,我会感到很惭愧。

让·施尼策尔:看了《安德烈·卢布廖夫》之后,我们感觉它真正的主题是艺术家的艰辛,这种艰辛不仅表现在艺术家与周遭环境的联系上,也体现在寻找自我的过程中。在我看来,这是一部关于艺术家责任和命运的电影。

塔可夫斯基:或许真的存在你所说的电影主题,但更像是我达成了在拍摄之初为自己设定的主要目标。卢布廖夫本质上是个天才,于我们而言,展现为何要选取卢布廖夫这一人物非常重要。我们都想回答这样一个问题:为什么他是一位天才? 看完电影,你会问自己许多问题,而我所达成的目标就回答了这些问题。影片中，卢布廖夫身边狄奥凡这一人物的出现也并非偶然。很难不将其称为天才，因为他确实是一位伟大的画家。不过，想到卢布廖夫的名字，我脑海中浮现的便是"天才"，而提起狄奥凡，我就想不到了……我无法毫不犹豫地说他也是一位天才，因为我对天才有自己的评判标准。我的评判标准有以下这些。狄奥凡这样的艺术家折射出当时的世界，引出我们想要表达的主题，是电影中不可或缺的部分。狄奥凡的作品反映了他所处的世界。他的直接反应就是认为这个世界很糟糕，人类背信弃义、残忍无情——哪怕只是一无是处、道德败坏的有罪之人——即便在死后，在最后的审判之后，也应受到惩罚。这些都是当时环境下正常的反应。在害怕的时候，我也是这样的反应。即使没有谴责压迫我的势力，我也会马上谴责人们的过错——我归咎于每个人的过错。这和卡夫卡是类似的。

而在电影中，卢布廖夫是狄奥凡的反面。表现在哪些方面呢？卢布廖夫和狄奥凡一样饱经时代磨难——集权之前战乱频仍，内战愈演愈烈。卢布廖夫忍受鞑靼部落入侵，艰难困苦又接踵而至，跟狄奥凡相比，他遭受的苦难有过之而无不及。狄奥凡可以采取一种更为淡漠超然的态度，因为他是誉满天下的画家，而不是修道士，他比卢布廖夫更加愤世嫉俗，更像一个异域人，像一个来自拜占庭、常年跋涉的旅人。他的生活态度得益于对世俗的远离，这是卢布廖夫不曾拥有的。尽管目睹和亲历了世间疾苦，但卢布廖夫隐忍克制，他表现出与狄奥凡不同的应对方式，迈出了更大的一步。他没有表达生活和周遭世界不能承受之重，而是在同时代人中寻找希望、爱和信念的点点微光。这些都是通过他与现实的斗争表现出来的，不是直截了当，而是微妙的表达，这就是其天才所在。他在自身中寻求一种道德理想，进而表达了在当时的生活环境下，人们的希望和愿景。他表达了对于团结、友谊与爱的痴迷——这些都是人们缺乏而卢布廖夫认为必不可少的东西。他预测了俄罗斯统一的必然进程，为人们打开广阔视野，动员他们朝着必定的未来共同努力。他的个性、形象远远超过表面的价值。他是一个复杂的个体，在磨难中，他的高贵形象熠熠生辉。他表达了一个群体的愿望和道德理想，而不仅仅是艺术家对于周围世界的主观反应。这是我们认为非常重要的地方。

　　这就是我们把卢布廖夫和狄奥凡比较，让卢布廖夫在命运的重压下遭受种种诱惑的原因。我们认为，这个原因最终必然促成创作，这是他唯一的出路。所有人对全新未来的憧憬，集中表现在那个铸钟的男孩身上。这一点是非常重要的。其余都源自我向你所解释的。安德烈·卢布廖夫显然是一个善于表达自我、表达自己理想的人，他的天才之处在于将自己的理想与当时人们的理想融合。而狄奥凡则像东方世界所说的那样，"歌唱目之所及"。

　　鲁达·施尼策尔：我感觉你还想表达艺术无师，艺术是无法教授的，我们在电影结尾处尤其能感受到这一点。

　　塔可夫斯基：从某种程度上说，你的看法是对的。不过这些是次要的内容，我们想表达的关键是，经历是无法改变的，每个人都有自己的经历。我也不相信某个人可以撇开自己的经历。个人经历是需要经过痛苦、付出努力、忍受一定程度的折磨才能获得的。只有在困难中历练，方可收获经历。艺术是无法教授的，你的这一解读仅仅是对于象征物的解释。我们最想展现的主题是，经历是无法改变的。在卢布廖夫的故事中，这位理想的人物始终坚持自己的道德观念，坚守对人民的热爱，坚定对未来的信念，在历经磨难后终于走向胜利。他和同时代的人一起克服种种艰难险阻，这些经历最终让他坚定了自己的初心。不过最开始，卢布廖夫的信仰还仅仅停留在理论上，是他在修道院里学到的理想状态，是谢尔盖·拉多涅日斯基——谢尔盖圣三一大修道院的创建者和理论家——传授给他的教义。卢布廖夫从修道院获得了这些知识，却不知道如何运用。一来到现实世界，一切都不一样了，一切都颠倒混乱了。最后，他更加坚信这一理想，坚信人与人之间的爱和情谊，就是因为他愿意与人民一起，为这一理想忍辱负重。从那时起，也就是在电影的结尾，理想在他心中不可动摇、坚不可摧。实际上，影片传达的思想体现在最后一幕出现的小男孩身上，他说没有任何人教给他东西，他做的一切都是自发的。从电影主题上看，这一幕中的小男孩某种程度上就是卢布廖夫的再现。他交代了故事的结局，也就是卢布廖夫一生的结局。

西芒:你如何解释电影最后从黑白到彩色的过渡?

塔可夫斯基:黑白电影的最后出现了色彩,让我们在两种不同的概念之间建立起了关联。我们想要表达的是,黑白电影是最具现实主义风格的,因为我认为彩色电影还没有到达现实主义阶段。它仍然像摄影艺术一样,总是与现实格格不入。从生理机能上来说,在日常生活中,除非一个人是画家,除非他自愿探究色彩之间的关系,除非他尤其关注色彩,否则很难被颜色所吸引。而生活恰恰是我们谈论的重要主题。在我看来,生活是通过黑白影像呈现在电影中的——特别是鉴于我们需要展现艺术、绘画与生活之间的和谐统一。我们的想法是,彩色的结尾和黑白电影一起,串联起了卢布廖夫的艺术和生活。大体上可以概括为以下两方面:一方面是日常、现实、理性的生活;一方面是对生活的艺术表现的传统。我们放大了一些细节,这是因为绘画有其自身的动静态法则,不可能直接把它转化成电影。因此我们让观众看到的都是短句,这种体验就如同花了数小时钻研安德烈·卢布廖夫的圣像画。这里不可能使用类比。只有展现细节才能让观众领会画作的全貌。

另外，通过一系列细节，我们带领观众慢慢接近卢布廖夫创作生涯的巅峰之作《三位一体》的全貌。为了让观众走近这幅巨作，我们使用了彩色画面，并借助画面的流动，将一块块碎片串联成整体。第三，在我们看来，影片结尾的彩色画面（胶片约长八百二十英尺）是必不可少的，因为这样才能让观众从电影的宏大场面中稍做休息，才不会让他们在最后一个黑白镜头落幕后便匆匆离开放映室，才能给他们留出时间从卢布廖夫的一生中回过神来。我们留出了思考的时间，让观众一边看着彩色画面，听着音乐，一边在脑海中回想整部电影要传达的思想，这样故事中最关键的时刻就会镌刻在他们心中。总之，就是避免让观众立刻把书合上。我认为，如果电影在"铸钟"部分就戛然而止，那么它就是一部失败的作品。我们必须把观众留在放映室里。这是最后的彩色画面在戏剧艺术功能上的作用。我们也要保持卢布廖夫故事的连贯性，让观众认识到他是一名画家，他的作品在这里，他一路战胜千难万险，就是为了用色彩表达自己。我们觉得需要把这些内容传达给观众。

我还想说，影片以雨中群马的镜头结束，以此回归生活的象征,因为我觉得马象征生活。或许这是我个人的主观想象,不过每当看到马,我就觉得生活在我面前徐徐展开。因为在俄罗斯,马是非常漂亮、非常重要、人们熟知的生物。实际上,马在该电影中多次出现。比如,气球一幕中就出现了一匹马,它因为逃跑的人死了而神色悲伤。另一匹马在弗拉基米尔大洗劫中惨死,象征着暴力的恐怖。也可以说,在整部影片中,马都是生活的见证和象征。我们在最后的镜头中重新回到马的画面,想要强调卢布廖夫的全部艺术都来源于生活本身。

鲁达·施尼策尔:电影里没有天空的画面,这是否有意为之?我们从头到尾都没有看到天空,只有土地。甚至连一丝风都没有……

塔可夫斯基:这完全是无意识的结果。一直吸引我的,我最感兴趣的,就是土地。世间万物破土而出或在大地上茁壮成长的过程让我着迷:树、草……向着天空伸展的一切。因此,在我们的电影中,天空仅代表万物萌发和生长的方向。在我看来,天空本身并没有象征意义。我觉得天空是空荡荡的。我只对天空在地上、在河面、在水坑里的倒影感兴趣,觉得只有这些才值得认真对待。在电影第一幕中,当一个人从上面飞下来,我们只看到了天空在大地上的倒影,这是我们的视觉设计。这个飞翔的人与大地之间的关系是我们的焦点,而他与天空之间没有任何关系。我认为,导演电影也是一种推动事物发展的方式,比如说在纪录片中,我们可以看到植物破土而出,一点点长大——这样的画面我能看上几个小时。舞台演出也是如此……总的来说我是热爱土地的。我看到的从来不是泥浆,我只看到土地与水的融合,我只看到植被生长的沃土。我爱土地,我爱我的土地。

西芒:我觉得在某些场景中——造型上——特别是远处的十字架,似乎有绘画作品的影子,就像进入了勃鲁盖尔的绘画一样。你确实受此启发,还是说这仅是巧合?

塔可夫斯基:这个片段的确是这样。我确实受到了勃鲁盖尔的启发,我很喜欢他的作品。摄影师和我选择了他,是因为俄罗斯人对勃鲁盖尔有种亲切感,他的作品能引起俄罗斯人的共鸣。他的画层次丰富,具有平行情节,人物众多,每个人物都定格在各自的活动中,这些都是极具俄罗斯风格的。倘若勃鲁盖尔的风格无法与俄罗斯之魂产生共鸣，那我们就不会在电影中采用它——我们连想都不会想到。实际上，我觉得这是这一幕的缺陷——我们的拍摄让聪慧的观众做出了这样的类比，但这终究是无用的。

西芒：电影开头是一个从天而降的人，你是怎么想到这点的？这一幕让大家都惊呆了。

塔可夫斯基：我们想借此象征勇气——创造需要个人义无反顾地牺牲自己。不管是在技术尚未成熟之时尝试飞行，还是从来没有学过铸钟的人想去铸钟，抑或是创作圣像画，作为创造的代价，这一切都需要个人付出生命，让自己融入作品，全身心投入。这就是电影开场的意义所在——那个男人飞起来了，为此他付出了自己的生命。

西芒：在创作剧本的过程中，你和康查洛夫斯基是怎么相互配合的？

塔可夫斯基：刚开始我们聊了聊，确定了剧作的总体设想。接着我们商讨了电影的结构。显而易见，电影应该由一系列"短故事"组成。我们希望呈现出生活中最具代表性的片段。因此，我们确定下来，影片由几个短故事组成，也就是说我们要写几个短故事。对于我们来说，这些故事在重要性上并无差别。电影将通过几个故事之间的对比反差，或者故事中人物和造型的交错，来传达主要思想精神。然后……我们就开始写了。我们会事无巨细地讨论内容、对话、场景，然后其中一个人就开始写第一稿，谁写都可以，我们俩轮流写。一个人写好以后交给另一个人，由他打磨细节，然后交换修改，如此来回数次。渐渐地，我们习惯了这一模式，我们一起工作——一个人口述，另一个人打字。最终，脑海中的构想变成了实实在在的作品，两位创作者之间的心有灵犀让整个过程毫无障碍。

让·施尼策尔：为什么原剧本中的第一幕"库里科沃之战"没有在电影中出现（取而代之的是剧本中第二部分开头的飞人）？

塔可夫斯基：删除这一幕是因为拍摄成本太高了，工作室无法负担。

让·施尼策尔：电影中有很多暴力场景，有些甚至让我觉得触目惊心。而近期在中央展览馆举行的古俄罗斯艺术展览上，我注意到你拍摄的镜头中有圣乔治的画面。你为何要在电影中展现暴力呢？

塔可夫斯基：主要有两个原因。第一点是，如果你研究过任何一个历史学家关于那个时期的论述，你就会发现在集权时期之前，历史的每一页都渗着鲜血。是真的鲜血！我们不过是在最低程度上复原了那段历史，有时候我们甚至觉得自己违背了历史事实。后来我们明白了，即使我们在银幕上只展现了这么一点，这些血腥也足够了，不用更进一步。这就是第一个原因：为了尊重历史。第二，安德烈·卢布廖夫亲眼所见的恐怖是电影主题思想中不可或缺的成分。我们采用了极具现实主义的叙述风格，因而卢布廖夫的痛苦不能只局限于道德层面，也不能仅仅展现磨难给他带来的精神上的反思：这样会让电影的风格产生偏差。第三，作为导演，我一直希望给观众带来震撼的效果：不逃避战争，也不长篇累牍地叙述战争的恐怖,因为一小段还原当年场景的画面就足够让观众置身那段惨痛的历史,彻底相信我们展现在他们面前的一切。

我认为电影是一种现实主义艺术,对观众的影响越来越大,我们无须因此感到害怕。而在我看来,"文学"(贬义的)、戏剧原则成了电影的沉重负担,并迫使电影避免采用现实主义表现手法。不过,这才是电影的使命所在呀! 这就是我的三个原因①……

西芒:你在选角上有哪些考虑? 你是选明星,还是有自己的一套标准?

塔可夫斯基:主角必须是从来没有演过电影的人。就拿卢布廖夫这个角色来说,每个人心目中都有一个卢布廖夫,我们不能选一个会让观众产生联想的演员,想起他先前饰演的角色。因此,我们选择了这个来自斯维尔德洛夫斯克剧院的小演员,他之前演的都是一些小角色。实际情况是,他在《电影艺术》杂志上读到了我们的剧本,

———

① 塔可夫斯基原话如此,与上文的"两个原因"矛盾。

然后自费到莫斯科电影制片厂拜访了我们，告诉我们没有人比他更适合出演安德烈·卢布廖夫。他试镜以后，我们确信如此。

我们反对矫揉造作，这是我们挑选其他角色的原则。我把自己选中的演员分为两类：一种是按剧本演戏的演员，另一种是本身就具备角色特质的演员，也可以说，他们演出了剧本里没有的，也不可能写出来的东西。后一类包括：卢布廖夫本身；我妻子扮演的智力障碍的女人；电影第一部分格林科所扮演的黑人达尼拉；还有博洛特·贝舍纳利耶夫饰演的可汗，他还曾出演过康查洛夫斯基的《第一位教师》（*The First Teacher*）。这些是我最喜爱的角色，因为他们不是从剧本中孕育而生的，而是演员本身的心境、出身背景所塑造的。

西芒：可以告诉我电影中哪些镜头被剪掉了吗？

塔可夫斯基：首先，从来没有人删减过我电影中的内容。所有的删减都是我本人做的。电影第一版时长为三小时二十分钟。第二版是三小时十五分钟。最终版被我压缩到了三小时零六分钟。我郑重其事地说，我坚持认为——这也是我真心诚意的观点——最后一版是最好的版本,最完美的,在我看来最具价值的一部"好电影"。实际上我只删减了过于冗长的部分,以及观众根本注意不到的地方。我们做出的删减从来没有影响过电影主题,也没有改变我们想要强调的内容,以及一些关键对话等。总而言之,我们只是调整了电影的节奏,因为起初节奏没有安排好。我们也确实缩短了一些暴力场景,这是为了给观众带来心理的震撼而不是痛苦的体验,是为了不有违初衷。经过漫长的讨论,我的所有同事和导演同行都建议我做出删减,他们是对的。我花了很长时间才认识到这一点。一开始,我以为他们在试图扼杀我个人的创造性,不过后来我才明白,电影保留下来的内容已足够实现我的创作意图。对于电影最终呈现的时长和面貌,我不会感到遗憾。

鲁达·施尼策尔:有人谴责你的镜头展现了鞑靼人的美丽快乐和俄罗斯人的穷困潦倒,两者形成了鲜明的对比,你的本意是什么?

塔可夫斯基:我觉得真实呈现鞑靼的压迫非常重要。

具体来说是这样表现的：鞑靼对自己的实力深信不疑——他们的统治延续了三百多年——因此他们举手投足间就像是这片土地的主人。这对于俄罗斯人来说非常恐怖。有人与我谈起上一次世界大战，最可怕的事情莫过于看到面无惧色的德国人安然走在俄罗斯的路上。他们淡定的神态、残暴的行为是最可怕的。

1380 年，库里科沃之战后，鞑靼统治面临危机，宣告整个奴隶制的崩塌。三百年间，鞑靼人对俄罗斯进行了有计划的掠夺和践踏。他们让俄罗斯在两次鞑靼人入侵的间隙休养生息，好让自己在劫掠中攫取更丰厚的利益。电影呈现鞑靼人美丽的一面，是为了展现他们的镇定自若和居高临下的自信。这就是俄罗斯人的悲剧所在，他们的任务是构建起一道抵抗野蛮人一次次入侵的屏障，这道屏障虽然脆弱，却是保护西方文明必不可少的防线。另一方面，我也觉得不应该把敌人描绘得灰头土脸，以此来羞辱他们，而应该展现反抗者至高无上的道德光辉。

西芒：你喜欢的电影有哪些？你喜欢哪些导演的影片？

塔可夫斯基：在拍摄《安德烈·卢布廖夫》期间，我努力让自己强硬无比、冷酷无情，甚至有点超然世外，因为在我看来，这是导演艺术最关键的品质。所以，我可能会告诉你我喜欢布列松。但是我最喜欢的导演还是杜辅仁科。我觉得如果他在世的时间更长些，他还会创作出许多有意思的电影。我喜欢的导演有不少，但不同时期他们在我心中的排序不同：杜辅仁科、布努埃尔、黑泽明、安东尼奥尼、伯格曼，就这些。当然还有维果，他是法国现代电影之父。看到人们一次次窃用他的成果总是让人愤怒，即便如此，他们迄今也无法偷走他的一切。

西芒：年轻的苏联导演呢？

塔可夫斯基：我很喜欢胡茨耶夫，他前途无量。他正在酝酿一部关于普希金的电影。阿洛夫和纳乌莫夫的某些地方我也很喜欢。你问的是年轻导演吧？请你理解，对于我来说，在电影界最重要的不是潜力，而是作品。所以我很难回答你这个问题。苏联的年轻导演们还太年轻，他们巅峰的作品尚未问世。要是推测或者讨论以后的事情……我不是影评家，我不知道怎么做。

鲁达·施尼策尔:《安德烈·卢布廖夫》和你最近完成的剧本之间有没有关联?

塔可夫斯基:很奇怪,我拍过的和准备拍的每一部电影中,都有这样一种角色,他们总是以我所坚持和宣扬的乐观精神,克服一些东西,取得胜利。换句话说,这样的角色有一种坚定的信仰,支持其孜孜不倦地寻找问题的答案,在现实中刨根问底,探求究竟。而其经历最终让其领悟现实。

"The Artist in Ancient Russia and in the New USSR" by Michel Ciment, Luda Schnitzer, and Jean Schnitzer from *Positif*, no. 109 (October 1969): 1 - 13. Translated from French into English by Susana Rossberg.

对话塔可夫斯基：科幻小说走上银幕

瑙姆·阿布拉莫夫/1970 年

瑙姆·阿布拉莫夫（以下简称阿布拉莫夫）：你最近正在筹备拍摄斯塔尼斯瓦夫·莱姆的科幻小说《索拉里斯》改编的电影。近期，科幻小说的体裁吸引了许多知名导演。这似乎表明，这一体裁某种程度上回应了当代观众和导演的内在需求。一部电影融合了错综复杂的情节、智慧的较量和艺术的享受，又是用纯娱乐的大场面呈现在最广泛的受众面前。我认为这对于改编自科幻小说的电影非常适用。不同人生阅历、文化修养的人都能从中体会各不相同的东西：有的人会感悟哲思，有的人会关注表面的故事情节，侧重电影的戏剧性和趣味性。

在你看来，科幻电影的体裁满足了我们这个时代的哪些需求？是不是大家迫切地想要从栩栩如生的当代电影画面中捕捉人类科技进步的动向？是要在飞向太空的惊心动魄中表达哲学思考，是要展现我们星球的未来，还是要讲述关于某种大胆发明的故事？抑或是作家和导演利用这一体裁特有的戏剧风格，努力探究人类性格，探究我们这个时代的人性？

最后还有一个问题：你为什么会开始尝试科幻片，在这个对于你来说崭新的领域试水？

安德烈·塔可夫斯基（以下简称塔可夫斯基）：据我理解，你这个问题涉及两个方面：一是电影制作，一是观众。不过，我想先解释一下为什么要改编莱姆的小说《索拉里斯》。不论我的前两部电影成功与否，归根结底，它们讲的都是一件事，都表现了对道德的极度忠诚，人物苦苦挣扎仍不改其志——甚至到了人格崩溃的程度。它们都描绘了信仰坚定的人物，有着强烈个人使命感的人物，灾难困境都打不垮的人物。

我喜欢不畏艰险、奋战到底的主人公。因为只有这种人才能取得胜利。我的电影是用戏剧形式传达出我内心的强烈观点，那就是人类精神的抗争与伟大。我觉得这个观点在我之前的电影中都很清晰。伊万和安德烈都是置个人安危于不顾的角色，前者是肉体上的，后者是精神上的。两人都是在寻找理想的、道德的存在方式。

我决定把小说《索拉里斯》搬上银幕，完全不是因为我比较喜欢科幻体裁。主要原因在于，在《索拉里斯》中，莱姆表达的问题与我不谋而合：在个人命运的桎梏中一路披荆斩棘，克服困难，坚定信仰，实现道德升华。莱姆小说的深度和意义绝不依托于科幻小说这一体裁，仅仅从体裁出发鉴赏他的小说太狭隘了。

这部小说讲述了面对未知时人类的心路历程，更反映出新的科学发现背景下人类道德的巨大跨越。在这个过程中，人类战胜艰难险阻，经历阵痛，最终诞生了一套新的道德体系。这就是凯尔文在《索拉里斯》中付出的"进步的代价"。他的代价是直面自己良心的具象化。不过凯尔文没有背叛自己的道德标准，因为在那种情境下，背叛意味着保持原有的道德层级，一点儿也不去尝试提升。凯尔文也为这一步的提升付出了惨痛的代价。科幻体裁为道德困境与人类心理状态之间的联系打下了必要的基础。

阿布拉莫夫:尽管你说不在意体裁,但你确实是在用科幻体裁探索你关心的哲学问题。我觉得科幻小说本身创造了独具特色的电影表现形式,这是不可能简简单单弃之不顾的。在小说和电影两种形式中,导演遭遇的心力和艺术创造力是不同的。他要把文学作品作者的想象转化为银幕上实在的事物,要用具象的造型呈现出奇思妙想。这些问题你一定都遇到过。

塔可夫斯基:改编《索拉里斯》的复杂性首先体现在电影改编上,其次才是科幻小说改编的问题。目前,我的工作中主要有两大问题。第一个与广义文学作品的原则有关。散文有一个特点,它的意象形成依赖于读者的感官体验。因此,不管场景的描绘如何具体,读者只会从自己的经验出发,注意到他的经验、个性、偏好和品位让他看到的东西。即使是散文中最细致入微的描述,某种程度上,也非作者所能掌控,读者还是通过主观感受来感知的。

　　表面上看,成千上万的读者读过《战争与和平》,这本书引发了他们的无限联想;而作者与读者之间经历的差异,让这本书有了上千种解读。其中最为关键之处就在于文学独特的关联性和普遍性——或许你可以称作民主精神。这是读者共同参与作品创作的保障。作者的潜意识里有一个虚构的读者,他依靠这个读者从自己简洁的描述中读出更多东西,看得更加真切。通过主观与审美的过滤机制,读者可以用省略的方式感知哪怕最残酷、最自然主义的细节。我把散文化描写的这种特性对读者产生的影响称为"审美适应"。它主要会影响感知,让散文作者藏在这匹特洛伊木马的腹中,侵入读者的心灵。

　　这是文学,那么电影中是怎样的呢? 电影的观众有这样的选择自由吗? 每一个镜头、每一个画面或片段,表面上看不是在描述,而是实实在在地记录下了动作、景色和人物的面孔。就电影而言,可怕的危险就是不被观众接受。因为在电影中,对实体的指称是非常明确的,对此,观众的个人感官体验会产生抵触。

　　一些人可能会说,电影有吸引力,因为对于观众来说,它是一种奇异迷人、非同寻常的事物。这样说并非完全正确。实际上恰恰相反，电影是导演本人的经历在银幕上的投射，与文学完全不同。如果导演真心诚意地展现个人经历，电影就会被观众接受。

从我个人的经验来看，我发现如果电影画面中的外部结构和情感线索来自导演本人的记忆，电影的谋篇布局与导演的个人经历密切相关，那么这部电影就能让观众产生共鸣。如果导演仅仅按照表面或字面上的依据改编电影，比如对剧本亦步亦趋，那么即使用最具说服力、最贴近现实的拍摄手法精雕细琢，观众也不会买账。

因此，如果你客观上无法像我刚才所说的文学那样，改变观众自己的经验，并且基本上也达不到这样的目标，那么在电影中，你就要真诚地讲述自己的亲身经历。这也是为何现如今，尽管有点文化的人都学习了怎么拍电影，但电影还是只有少数导演能登堂入室的艺术领域，这些人一个手就数得过来。把文学作品改编成电影，就是从你个人的角度讲述故事，里里外外都打上了属于你的烙印。

阿布拉莫夫：你认为导演的解读和原作品之间的界

限在哪里？在改编文学作品的过程中，是否存在原有风格和视觉结构丢失的风险？

塔可夫斯基：科幻创作需要非常微妙和真诚，尤其是涉及视角问题时。这也是莱姆作为一名科幻小说家的伟大之处。如果你读过《索拉里斯》《伊甸》（*Eden*）和《星际归来》（*Return from the Stars*）就会明白。

在《伊甸》中，莱姆讲述了去一个星球探险的故事。探险队的成员进入了一个他们无法理解其发展规律的现实世界。这些发展规律就像转瞬即逝的念头一样难以捉摸。环绕在他们周围的是猜测和类比，肉眼可见却又抓不住。这是一个具体的、让人焦虑不安且挫败的场景。莱姆对于这个场景的构建堪称绝妙。他细致地描述了探险队遭遇的所有事情。不仅如此，他还描绘了人们能看到却无法理解的东西。

《星际归来》的情节与此相似。主人公从其他星系返航，而在地球上，由于时间的差异（他是以光速飞行的），生命已经更迭了好几代。这位返航的宇航员穿行城市间，却什么也不懂。莱姆事无巨细地描绘了他遇到的各种事情，即便如此，我们同主人公一样，还是不明所以。

我觉得,这些紧张的片段是作者的个人经历投射在未来的集中体现。

阿布拉莫夫:大多数科幻片导演都认为,应该刻画科幻世界日常生活中的点点滴滴或者建造宇宙飞船的种种细节,以此激发观众的想象力,不过这样常常会喧宾夺主,让观众忽略电影的中心思想。我觉得库布里克的《2001太空漫游》(*2001: A Space Odyssey*)就是这样。

塔可夫斯基:在我看过的所有科幻片中,出于一些原因,导演总会推动观众去审视未来世界的物质构造的细节。更有甚者,有些人,比如库布里克,把自己的电影称为预言片。真是难以置信!何况《2001太空漫游》的不少地方即使在专业人士看来都是伪科幻。真正的艺术作品必须摈除虚假的东西。在拍摄《索拉里斯》时,我倾向于不让观众感受到怪异之处。当然,我指的是科技方面的怪异。

比如说,如果我们拍摄行人登上电车的镜头,而大家之前从未见过这样的场景,或者对此一无所知,那么这一幕就好像是库布里克镜头下的登月画面。而换一种方式,如果我们把登月拍成现代电影中电车停靠站台的常见情景,那么一切就顺理成章了。也就是说,要营造让观众心理上易于接受的日常生活场景,通过电影角色的感知来表现真实而非怪异的生活环境。这就是为什么对未来科技进步细致入微的"审视",会让电影——作为艺术作品——的情感基础落入看似真实、实则死气沉沉的窠臼。

设计就是设计。绘画就是绘画。电影就是电影。我们要"泾渭分明",不能像画连环画一样。

当电影不再受金钱摆布,也就是说不受制作成本限制,当艺术创作者能用笔和纸、颜料和画布、凿刀和大理石,电影导演能用某种工具来记录现实,我们就能见证这一时刻了。电影会成为首屈一指的艺术形式,是其他一切艺术的灵感之源。

"Dialogue with Andrei Tarkovsky about Science-Fiction on the Screen" by Naum Abramov from *Ekran*, 1970 - 1971, 162 - 165. Translated from Russian into English by Jake Mahaffy and Yulia Mahaffy.

我爱杜辅仁科

金特·内泽班德/1973 年

金特·内泽班德（以下简称内泽班德）：安德烈·塔可夫斯基导演，你现在四十一岁了。令尊是一位著名的诗人。你在进入电影行业前，也曾钻研过音乐和绘画。为什么会选择电影这条路呢？

安德烈·塔可夫斯基（以下简称塔可夫斯基）：这个问题太难答了。这纯属巧合。如果让我展开来说，那就是我觉得电影展现了真实的形态，也是按照真实形态来运转的。这些形态来源于现实生活。导演这个职业的本质让我想到创造这一行为，这与一种新生活的诞生息息相关，银幕上的生活。导演职业需要道德责任，这也是我们在生活中行为处事应负的责任。诚然,这是一种特殊的责任,而在我看来,这份工作非常有趣。

内泽班德:能不能谈一谈你在不同阶段的生活?

塔可夫斯基:1939 年,还在上小学的时候,我同时也在音乐学校上钢琴课。接着战争爆发了。我被迫中断了音乐学校的学业。父母带着我和妹妹搬到了伏尔加河附近。两年后我们回到莫斯科,我继续在音乐学校学习。那时到处是饥荒,母亲养活我们很不容易,但最终我从音乐学校毕业了。母亲为了给我付学费,做出了巨大的个人牺牲。后来我开始接触绘画。不过最后我既没有成为音乐家,也没当上画家,但我还是要说,我对于放弃音乐这条路深感遗憾。这是我一生中犯下的最严重的错误之一。

内泽班德:为什么?

塔可夫斯基:因为在我看来,音乐是最高级的艺术形式,尽管它通过情绪来感受,是完全抽象的存在。这意味着音乐能以最生动、最深刻的方式来传达创作思想。至于没有成为画家，我不感到后悔。完成这两项学习后，我开始从事亚洲研究。没过多久，两年后，我意识到我会"死"在这里。这完全不是我的兴趣所在。放弃亚洲研究后，我去了西伯利亚，在一个地质研究站做了两年考察。那是一段美妙的时光。1954年，我被莫斯科电影学院录取，师从米哈伊尔·罗姆。1960年，我通过毕业答辩，我的论文获得了一等奖。这些都是我人生中最重要的节点，剩下的生平你都知道了……

内泽班德：关于你的电影《安德烈·卢布廖夫》，有各种各样的解读。我认为这是一部层次丰富、角度多元的电影。有人认为这部电影不符合史实、过于冗长、自然主义色彩过重、过于阴森恐怖。你曾经说要用"现代视角"来看你的作品。

塔可夫斯基：这部作品绝对不是想要简单地重建安德烈·卢布廖夫的一生。我们拍的不是传记电影。这不仅是因为没有关于卢布廖夫生平的详细记录，也是因为我们的创作意图不在于此。我们不想拍一部历史片。我们想要表现画家与人民之间的接触交流，毕竟他是在表达这些人的愿望。当然是无意识的。我们希望传达出创作的意义所在。坦率地说,我们希望证明,卢布廖夫这样的天才画家能够感知祖国的热望和追求,我们觉得这是非常重要的。我们想要展现,真正的创造力应该始终如此:一位画家,从身体的每一个细胞,到心脏的每一根纤维,都燃烧着创作的火焰。任何情况都剥夺不了他创作的权利。此外,那个残酷黑暗的时代也促使我们塑造出卢布廖夫这样的形象——一位立志实现画作中理想世界的画家。他的理想是爱,是友善,是团结。在团结背后,我感受到现实中人们与他人建立联系的渴望,因为历史的车轮即将驶入人们彼此发现的进程。如果有批评意见认为我的电影太过残忍,在我看来这纯粹是说教罢了。

如果有人想总结我们这部电影的意图,那么一定是塑造一位画家、一位艺术家,他如果不是艺术家就无法进行创造。这里的核心问题并非某个人臆想的理想状态。有人可能会觉得卢布廖夫是一个不问世事、在修道院小房间里潜心作画的人。但我认为卢布廖夫不是这样的形象。不会有人相信卢布廖夫是这样的。这就是我们想要通过电影表现的。从本质上说,卢布廖夫是个抗争者,他在人类精神的战场上厮杀。

内泽班德：社会主义艺术家也需要为事业与信仰而抗争，这很正常。你同意我的这种说法吗？

塔可夫斯基：我完全赞同。他就是为抗争而生的。特别是为信仰而战。听到有人谴责我，觉得我是一个不能表达真理、无法表现坚定信仰的懦夫，我会很难过。另一方面，任何一个从事创造性工作的人都会经历挣扎的阶段，因为他是在巨大的阻力下，创造出心目中的形象的。在这一次次对艺术家创造力的冲击中，艺术家本人乃中流砥柱。在我看来，自我斗争是最艰难、最难调和的。而其他所有斗争都是长期存在的，它们仅仅是日常生活中的片段。我认为，有必要在这部关于卢布廖夫的电影中表达我对俄罗斯文化、俄罗斯人民、俄罗斯精神及历史的爱与柔情。我们不能忘记，数百年来，俄罗斯始终介于西方和"野蛮"的东方之间。它并未参与欧洲轰轰烈烈的文艺复兴运动。彼时，俄罗斯还在抵抗鞑靼的进攻。我希望描绘当时紧张的环境。我想要讲述一个画家通过自己无坚不摧的个性，把信仰、希望和爱带给祖国的故事。他对人民的爱,对其未来的信仰。这些也获得了研究卢布廖夫的艺术史学家的认同。还有——我们不应该拍"甜蜜的"电影,就是那些坐在柔软的椅子上放松时看的片子。这是马蒂斯说的。正因为这样,我需要向曾经看过或者准备看我电影的无数观众致以深深的敬意。

内泽班德:现在我们来谈谈你的第一部长片《伊万的童年》。你曾经说过:"这是一部典型的稚嫩之作。在那个时候,我还没有一致的、经过深思熟虑的理念,对于电影的处理还是很基础的。"我的问题就是:用基础的方式来拍摄第一部电影真的有问题吗?

塔可夫斯基:我不知道。两年前,我重新看了《伊万的童年》,我觉得这部电影还不成熟,因为在里面的很多场景中,作者都放弃了自己的审美,也有很多场景需要他"在情感上"更加激烈。每个人都应该用自己的语言来表达。《伊万的童年》这部电影被打上了一个年轻人的烙印,这个年轻人还没弄清楚要怎么表达自己,也还没有找到自己的语言。

内泽班德：你觉得自己的电影主角——伊万、卢布廖夫与《索拉里斯》中的宇航员克里斯——之间存在延续性或者关联性吗？如果有的话，他们之间有什么关系？

塔可夫斯基：显然他们之间存在关联，因为在这三部电影中，三位主角都面临着生死存亡或者信仰存续的重大抉择，或者是必须放弃的情境。这些人物都处于绝望和危急的困境，不可避免地要做出选择，这是我觉得这些主人公存在相似性的原因。我借他们的经历，表达出了成事之难、为人之艰。有的时候放弃很容易，而坚守自己的信仰很难。伊万不顾自己还是孩子，把童年献给了对抗法西斯的斗争，因而蜕变为成人。卢布廖夫在痛苦煎熬中不仅获得了力量，找到了意义，也明白了未来的发展方向。《索拉里斯》中的克里斯在非人的环境中，仍然保留了人性。因为空间站里的人都必须解决一个问题：怎样保持人性。而每个人的应对方式各不相同。诚然，探究主人公的性格非常有趣，尤其是在需要做出重大抉择的非常情境下。这三位主人公从未放弃过自己的信念。他们始终忠实于自我。不管要面对什么，他们一直坚持自己的个性。在这个意义上，三者形成了统一。

内泽班德：作为米哈伊尔·罗姆的学生，你觉得在哪些方面需要感谢老师？

塔可夫斯基：首先要感谢他录取我，让我成为他在莫斯科电影学院的学生。他是唯一支持我进莫斯科电影学院的人。当时录取委员会不同意收我。我认为米哈伊尔·罗姆是最好的老师之一，因为他从来不把自己的想法强加给我们。他擅长发现学生的长处，并充分发扬他们的长处，他非常尊重个性，尊重每个人的价值，认为每个人都是独特的。

内泽班德：在苏联经典电影中，哪些让你获益匪浅？你和哪位导演最有共鸣？

塔可夫斯基：这个问题很早之前我就有答案了。我非常喜欢亚历山大·杜辅仁科，我觉得他是一位天才。时至今日，他创作的电影《大地》（*Earth*）还是我一遍遍欣赏观摩的对象。我说不清楚为什么这部电影会如此触动我。它可能在不少方面都比较稚嫩，过于刻板，构思较为粗糙。不过，影片聚焦的是在自己生活的土地上耕作的劳动者。这肯定是世界上最高贵的职业之一。可能我表达得还不够准确，我的意思是这个职业使人变得高贵。我与单纯质朴的农民一起生活过不少时间，遇见过非同寻常之人。他们泰然处事，机智过人，展现出我很少见到的高贵和聪慧。显然，杜辅仁科深知生活的意义在何处。他解答了在我心中久久萦绕的问题。在自然与人类的边界上窥探前进，恰是人之理想存在。杜辅仁科深谙此理。我常常会想到他——他总是让我想起。杜辅仁科不仅是导演，也是哲学家。

当然，还有一些对我来说很重要的当代导演。比如，吉奥尔吉·申格拉亚——《皮罗斯马尼》(*Pirosmani*)的导演——和奥塔·埃索里亚尼都是天赋异禀的电影人。未来他们会创作出更精彩的电影。不过，埃索里亚尼及他的两部电影《曾经的云雀》(*Lived Once a Song-Thrush*)和《落叶》(*Falling Leaves*)位居我心目中的第一方阵。

内泽班德：在意识形态斗争的当下，你的电影制作理念是怎样的？布莱希特曾说，我们要激发认知的愉悦感，调动改变现实的乐趣。你怎么看他说的这番话？他还说，揭示新生事物并不简单，关键在于对新事物的热情。社会现实主义的创作需要持续的训练、变化，以及某种新事物的形成。这一切都需要奋斗、抗争，而抗争者需要尽可能多的武器，而且是有力的武器……

塔可夫斯基：我完全同意这个观点。我还想说的是，在每位艺术家的人生中，这种抗争是有细微不同的。布莱希特的这段结论性话语表达了他对艺术的态度。我赞同他的观点，同时我认为艺术就是一件强大的武器。有些时候，艺术的作用甚至被低估了。

几年前，我有幸了解了贝托鲁奇的前期电影。当时我觉得，这位年轻的意大利导演极富天资，韧劲十足，有自己的想法。现在他成了商业片导演。贝托鲁奇最新的电影《巴黎最后的探戈》(*Last Tango in Paris*，1972)中，甚至出现了情色画面。他放弃了满腹才华，仅仅为了迎合那些无能刁钻之人，迎合资产阶级观众的享乐趣味。而在此之前，贝托鲁奇还是会为政治理想抗争之人。现在他不再是艺术家了。他拍这部电影并非受任何人所迫。他忘记了自己创作的艺术并非个人所有。它属于艺术家及其作品的推崇者。显然,他忘记了艺术家在享有自由的同时,也需要担负起责任和义务。我们要明白艺术家意味着什么。因为这是我们要坚守住、绝对不能交换的东西。

"I Love Dovzhenko" by Günter Netzeband from *Filmwissenschaftliche Beitraege Hochschule fuer Film und Fernsehen der DDR Sektion*, no. 14 (1973): 276 - 283. Translated from German into English by Karin Kolb.

对话《镜子》的导演：寄生于童年的艺术家

克莱尔·德瓦里厄/1978 年

"关于女性我没什么想说的，"安德烈·塔可夫斯基说道，"我的电影主要有关一个联结起女性和孩子的男人。但这个人不是完美的儿子或丈夫，孩子们身边也缺少男性和父亲。因此，他是一个在幕后讲述故事的人。我们只看到他六岁的时候，然后他就长到了十二岁，身处战乱。

"面对破裂的关系，故事的讲述者必须重新补救，才能让内心平和，但是他做不到。他一生都怀抱这样一种希望，认为自己可以偿还爱，但这是任何人都无法摆脱的债。

"女人只会坏事。不，不，我在开玩笑。我们可以从这个角度来理解这类角色，但我们还是爱她们的，她们养育我们长大，塑造了现在的我们。她们内心坚定，希望保持我们身上的童真，而我们却垂垂老矣。《镜子》一名并非随意所取。故事的讲述者把妻子视为母亲的延续，因为妻子与母亲总是相像的，而错误本身也在重复——这是一种奇怪的反射。重复是自然规律，经验无法传递，每个人都要亲身经历。

"大自然在我的电影里随处可见，这不是风格的问题，这是真实的情况。当父亲在战场厮杀之时，我的母亲每年春天都会带我们去乡野间。母亲觉得这是她的责任，从那时起，我就把自然和母亲联系在了一起。

"住在城里的人对生活一无所知，他不知道时间怎样流逝，不知道自然如何轮回变化。孩童会在大自然中找到对未来的信心，大自然会培养他的心志。孤身一人的情境为将来结识其他人留下了空间。人如果只是社会性动物，那么他就会依附于他人的意志而存在。尽管是无意识的，但我的母亲知道大自然必不可少，她把农耕文化根植在了我们心中。

"几年前，我和妻子在乡下买了一座小房子。我的儿子迫不及待地想过去住，这让我非常高兴。等他搬过去，那里将只有他一个孩子。我儿子的俄罗斯血脉里流淌着割不断的家庭观念和对大自然的崇敬之情。"

"电影结束后，我什么都不记得了。记忆是当下的馈赠，是我在说话的这一刻的状态，而不是对过去的回望。我用肩带背负起的过去就像是一件必需的，有时又过于沉重的行李。

"所有艺术作品都依托于记忆，它们是一种升华记忆的方式。艺术家如同树上的昆虫，像寄生物一样以童年为生。后来，艺术家一点点花掉他积攒的东西，长大成人，最后走向成熟。

"在巴黎，我曾要求拜见布列松。我们没有任何相似之处，但他是我所知道的最优秀的导演之一。我想见他，看看他的面容，倾听他的话语。我没有问题想问他，对于我来说，有他这个人就足够了。我一直很羡慕他，因为他就像我们说的，不用因'客人'而焦虑。他的表达方式非常精简，他所达到的禁欲程度无人能及。

"他试图在银幕上讨论生活,展现生活不同寻常的一面和千姿百态。而矛盾之处在于,每种姿态都是司空见惯的。他以独特表现典型,将无限大和无穷小相连,总是让我深受触动。我似乎总能理解他想要表达的东西。"

"The Artist Lives off His Childhood like a Parasite: An Interview with the Author of *The Mirror*" by Claire Devarrieux from *Le Monde*, 20 January 1978, 18. Translated from French into English by Susana Rossberg.

童年、死亡和梦:对话塔可夫斯基

托尼诺·格拉/1978年

意大利诗人和编剧托尼诺·格拉[曾与贝多利、罗西和安东尼奥尼合作,并与费里尼共同创作了《阿玛柯德》(*Amarcord*)]在莫斯科见到了《安德烈·卢布廖夫》的导演安德烈·塔可夫斯基,后者的最新电影《镜子》终于在法国上映。

这部充满乡愁的电影展现了人类最初记忆的悠远绵长,托尼诺·格拉借此向塔可夫斯基提出了关于童年、死亡和梦的本质等问题。塔可夫斯基有望根据托尼诺·格拉的想法,拍摄一部名为《意大利之旅》的新电影。

托尼诺·格拉(以下简称格拉):你最早的记忆是什么样的?

安德烈·塔可夫斯基(以下简称塔可夫斯基):我记忆中最早的一件事发生在我一岁半的时候。我记得有一座房子、一片开阔的平台,平台上有台阶——只有五六级——还有栏杆。在楼梯和房子的一角之间,有一大片紫丁香丛。这是一片凉爽的沙地。我会玩滚铁环,从门口一直滚到花丛中。突然,我听到天空中传来一个奇怪的声音。我害怕极了,藏在了花丛里。我抬头望着天空,因为声音是从天上传来的。那可怕的声音越来越响。突然,我在树枝间看到一架飞机划过。那是 1933 年。我从未想过那可能是一只鸟,我觉得是很可怕的东西。

格拉:你父母的关系怎么样?

塔可夫斯基:这个问题很难回答。我三岁的时候,父亲就离开家了。此后我们也会见面,不过见得很少。关于父亲,有两段回忆让我印象深刻。第一段回忆是,我们住在莫斯科老城一间狭小的公寓里,只有两个房间。我父亲,你知道的,是一位诗人,有时候写诗一写就是一整晚。他在打字机上打字，每晚我都能听见他问母亲："玛丽亚，告诉我，你觉得这样好还是那样好？"然后，他会读一行诗给母亲听。他总是谦虚地接受母亲的建议。

第二段回忆恰恰相反，是在我大一点的时候，那会儿我已经上学了。有天晚上，父亲很晚才回来。我和妹妹已经睡着了，他和母亲在厨房里争吵。父亲希望我搬去另一所房子跟他一起生活。母亲不同意。那一晚我无法再入睡，我一直在问自己，如果第二天他们问我想要和谁一起生活，我该怎么回答。我意识到自己绝对不可能和父亲一起生活，尽管见不到他我会很想念。

格拉：你如何看待死亡？

塔可夫斯基：我不害怕死亡，一点也不害怕。死亡吓不倒我，让我害怕的是肉体上的折磨。有时候我觉得死亡是一种出乎意料的自由。这种自由是生活中很难感受到的。因此我不害怕死亡。但是，真正让人心痛的是心爱之人的离世。

我们哀悼至亲的离去，显然是因为我们再也无法就自己对他们犯下的所有过失获得原谅。我们在他们的坟墓旁哭泣，不是为他们感到伤心，而是为自己。因为我们再也不能得到原谅了。

格拉：你认为人去世以后一切都结束了，还是以另一种生命继续？

塔可夫斯基：我坚信生命只是开始。我知道我无法证明这一点，但是本能上我们知道自己是永生的。这太复杂了，我没法解释。我只知道忽视死亡的人非常恶劣。

格拉：聊聊你的下一部电影吧。不需要告诉我情节，跟我说说你创作的出发点、你的想法。

塔可夫斯基：我想拍摄一幕在窗边或阳台的场景，夕阳的余晖照在玻璃窗格上。我已经想好了，那一幕中太阳还有五分钟就要落山。在落日的余晖下，影片中的人物开始说台词，渐渐地窗户里的光暗淡下来，最后消失。某一刻还有太阳，五分钟后夜幕就降临了。

我也想捕捉初雪落下的时刻，那雪给大地披上银装，又在两分钟内渐渐融化。就在此时，人物出场了。

在电影中，我们很少会表现大自然，因为大自然似乎是无用的。我们将大自然排除在外，觉得自己是真正的主角。但我们不是主角，我们依赖于大自然而生存。我们是大自然进化的产物。我认为从情感和艺术角度来看，对大自然的忽视是一种犯罪。这是一种极其愚蠢的行为，因为大自然始终是真实感所在。

格拉：我了解到你在乡下有个小别墅，隔段时间会过去休养。

塔可夫斯基：那是一栋木质房子，离莫斯科有两百英里。这是属于我自己的第一套房子。在那里，我才有了和动物接触的机会……猫啊，狗啊……或许我要感谢我妻子，正是她让我有机会了解这些动物。我的妻子在乡下长大，鸟儿或在她周围盘旋，或在她头上和肩上休憩。不管是什么鸟，它们从来不会靠近我，却总是围在拉瑞莎身边。

格拉：你觉得梦境非常重要吗？

塔可夫斯基：梦分成两种。一种是你转眼就忘的，而另一种就是具有重大意义的梦。我会深入探究这些梦的含义，因为它们传递了信息。

格拉：你最近做了什么梦？

塔可夫斯基：昨天我又做了一个关于战争的梦，这种梦经常出现。梦里战争刚刚爆发，我看上去一脸冷漠，和其他士兵一起踩着尸体前进。我们只能用脚感知这些尸体，因为大家都目不转睛地盯着一块巨大的电视屏幕。画面上一位资深专家正在安慰观众，我方的科学家已经成功探索出一种加快地球旋转速度的方法，这样我们的火箭发射速度将超过敌方。实际上，我们也能感到脚下的地球正在转动，我们就像是站在一颗巨大的球体上的熊，而这块巨大的电视屏幕上蒙着一层细细的粉末，好像雪花飘落在说话之人的脸上，雪也落在我们身上，缓缓地，一切都成了在雪中行走……挺惬意的时光。我也走着，目之所及皆是茫茫一片。

"Interview with Andrei Tarkovsky" by Tonino Guerra from *Télérama*, no. 1462 (January 21 – 27, 1978). Translated from French into English by Deborah Theodore.

《潜行者》:走私快乐的人

托尼诺·格拉/1979 年

根据苏联政府的说法,塔可夫斯基最新的电影《潜行者》未做好参加戛纳电影节的准备。安德烈·康查洛夫斯基的情况与此类似,但他的《西伯利亚之歌》(Siberiade)刚刚获得了评审团特别奖。塔可夫斯基的电影《安德烈·卢布廖夫》和《镜子》中的经典画面还萦绕在我们脑际,这位神秘诗人的遭遇着实令人惋惜。

托尼诺·格拉(以下简称格拉):"潜行者"是什么意思?

安德烈·塔可夫斯基(以下简称塔可夫斯基):这是

一个生造出来的词,来源于英语单词"潜行",意为偷偷靠近。在电影中,这个词指一种职业,从事这种职业的人会跨越边境,带着特别目的潜入禁地"区",有点走私者的意思。潜行者的技艺是代代相传的。在我的电影中,"区"代表欲望可以得到满足的地方。

观众可能会怀疑"区"的存在,或者把它看成虚构故事或是笑话……甚至就把它当作主人公的想象。对于观众来说,这始终是未解之谜。电影只是想借"区"中那个能让梦想成真的房间,展现三位主人公的性格特征。

格拉:潜行者是一个什么样的人?

塔可夫斯基:他非常朴实,心思纯净,妻子说他"乐呵呵的"。他带领人们进入"区",如他所说,是为了让他们开心。潜行者全身心投入这项工作中,丝毫没有掺杂个人利益。他坚信人们只能通过这个方式获得快乐。到头来,他是最后的理想主义者。这个故事的主人公相信,快乐可以与个人意志和能力无关。他的工作为自己的生活赋予了意义。潜行者好像是"区"中的牧师,带领人们来到这里,获得快乐。实际上,没有人可以确定大家在这里是快乐的。

在"区"之旅的结尾,潜行者受到了随行之人的影响,他不再相信可以给所有人带来幸福。他再也找不到相信"区"的人,或者相信可以在那个房间里找到幸福的人。最后潜行者发现,只有自己相信,虔诚的信仰能让人类获得幸福。

格拉:你是怎么想到拍摄这部电影的?

塔可夫斯基:我曾向我的好朋友、导演乔治·卡拉托齐什维利推荐过小说《路边野餐》,觉得他可以把这部小说改编为电影。后来,我不知道为什么乔治没有获得小说作者斯特鲁加茨基兄弟的授权,他便搁置了拍这部电影的想法。一开始这个想法只是在我脑海中闪过,后来这种想法越来越强烈。我觉得加入时间、地点和情节,这篇小说就能改编成电影。这种经典的三一律——在我看来是亚里士多德式的——能让我们接近真正的电影制作。我觉得它不是动作电影,无关外在的力量。

《潜行者》的剧本与小说《路边野餐》中都出现了"潜行者"和"区"这两个词,但我必须说明,除此之外,它们没有任何相似之处。所以你看到了,这部电影的缘起是有欺骗性的。

格拉:你拍摄的画面是不是暗示着需要某些特定的音乐伴奏?

塔可夫斯基:第一次看样片时,我觉得这部电影不需要任何音乐。在我看来,这部电影可以——甚至必须——仅仅依赖声音进行表达。现在我想尝试柔和的音乐,若有似无,藏在潜行者家窗户下驶过的火车的轰隆声里。比如贝多芬的《第九交响曲》《欢乐颂》、瓦格纳的曲子,甚至是《马赛曲》。这些音乐都是大家比较熟悉的,表现了群众运动、人类社会命运的主题。

但这些音乐必须隐藏在嘈杂声中,不让观众注意到。另外,我还希望这些噪音和声响大部分都由同一个作曲家创作。比如说在电影中,三人乘坐轨道车远行,我希望车轮在轨道上行驶的声音不要使用真实声音,而是运用作曲家创作的电子乐。同时,一定不要让大家意识到音乐,或真实的声音。

格拉：电影有主题乐吗？

塔可夫斯基：我认为主题乐应该是远东的禅乐，其关键在于凝神而不是描述。核心的音乐主题一方面应该是各种情绪的宣泄，另一方面则是全部思想和计划的倾吐。它必须自动传达出我们周围世界的真实情况。它必须是独立和完整的。

格拉：想象我是一个盲人，你能把电影的结尾一幕幕描述给我听吗？

塔可夫斯基：假如不拍电影，而是把内容描述给失明的人听，可能会非常棒。这主意妙极了！这样只要买一个录音机就行了。"说出来的思想是谎言。"诗人①如是说。

格拉：好了，我什么也看不见，请向我描述。

塔可夫斯基：画面的前景是一个病恹恹的小女孩，她是潜行者的女儿。小女孩捧着一本大书在面前。她戴着

———————

① 应指俄罗斯诗人丘特切夫（Tyutchev，1803—1873）。

围巾，侧身坐在明亮的窗户前。镜头缓慢地后拉，画面中出现了桌子的一角。于是桌子成了画面前景，上面放着脏餐具——两只玻璃杯和一个茶壶。小女孩把书放在膝盖上，接着我们听到了她的声音，重复着她刚才读过的内容。她望着其中一只玻璃杯。那只玻璃杯在她的注视下，向镜头方向靠近。小女孩又看向另一只玻璃杯，另一只玻璃杯也开始向前移动。接着她看向桌子边上的玻璃杯，玻璃杯摔到地上，却没有打碎。然后我们就听到火车驶过的声音，感觉非常近，发出了奇怪的声响。墙晃动得越来越厉害。镜头再次对准小女孩，就在这砰砰巨响中，电影结束了。

格拉：《潜行者》杀青后，你有没有思考下一部电影的拍摄计划？

塔可夫斯基：我想拍之前我们决定一起拍的电影：《意大利之旅》。当然，你来讲故事会比我讲得更好。我想拍一部电影，它可能会让我流失一些观众，但也会吸引新观众。我希望这部电影被不同的人看到，不仅仅是我们称为电影观众的那群人。

格拉:听说你想彻底改变自己的风格。这是真的吗?

塔可夫斯基:是的,不过我还不知道要怎么改变……如果我能像新人一样自由执导电影,那就太好了。不要大笔投资,能够按照我自己的步调去观察自然和人类,不用急急忙忙的。经过这些观察,电影主题就会自然而然地出现,而不是一定要通过事无巨细的计划。

这部电影的制作应该完全自由,不受灵感、演员、拍摄角度和镜头的制约。而且用的是一个小巧的摄影机……我觉得用这样的方式拍电影能让我闯出更广阔的天地。

格拉:你觉得你"窃取"过其他导演拍摄的哪些画面?包括你已经改头换面融入自己风格的画面。

塔可夫斯基:对此我向来谨慎,尽量避免这种情况。有人会说,在这样或那样的情景中,我没有完全独立创作,这种说法让我很不高兴。不过最近,我开始对这些评论产生兴趣。比如说在《镜子》中,有两三个镜头很明显受到了勃鲁盖尔的启发:男孩、小小的人影、雪、光秃秃的树,还有远处的河流。这些镜头是我有意识地设计的,不是抄袭或者为了展现文化因素,而是为了见证我对勃鲁盖尔的喜爱,它们表现了我对勃鲁盖尔的依赖,以及他对我生活的深远影响。

而在《安德烈·卢布廖夫》中,有一幕可能借鉴了已故日本大导演沟口健二的作品。直到电影放映时我才意识到。在那一幕中,俄罗斯王子骑着白马飞驰乡间,而鞑靼人骑着黑马。画面是黑白的,周围的风景,加上阴沉沉、灰蒙蒙的天空,活脱脱一幅中国水墨山水画。

两位骑手在马背上角逐。突然鞑靼人大喊一声,挥鞭啸叫,超过了俄罗斯王子。王子紧随其后,但就是追不上鞑靼人。下一个镜头中,两人都停了下来。一切戛然而止。这只是俄罗斯王子关于骑在白马上奋力追逐鞑靼人却怎么也追不上的回忆。

这一场景与故事情节并没有任何关系。它意在传达人物的精神状态,反映两人的关系实质。这就像两个男孩在比赛。一个先跑起来,然后说道:"你追不上我!"另一个男孩跟在后面以最快的速度追,但就是追不上。过了一会儿,两人都忘记了比赛,停下来了。

" *Stalker*, Smuggler of Happiness" by Tonino Guerra from *Télérama*, no. 1535 (June 13, 1979). Translated from French into English by Deborah Theodore.

关于《潜行者》

阿尔多·塔索内/1980 年

　　阿尔多·塔索内（以下简称塔索内）：在禁林"区"中，有一个能满足人欲望的房间……在戛纳观看了《潜行者》后（很遗憾，我只看了一次，还是在频繁受限的情况下），我想起了这两句诗："茉莉花旁有一块石头，石头下面埋着宝藏……"

　　安德烈·塔可夫斯基（以下简称塔可夫斯基）：这是我的父亲阿尔谢尼《白日》一诗中的前两行。最初，《镜子》的剧本就叫《白日》。不过卷首语往往是词语的组合，不能按逻辑选择，总是有些随机的。这有点灵光一闪的感觉，你可以选择任何美丽的词语。

塔索内："欲望之屋"是《潜行者》的独创,还是这部电影的蓝本——斯特鲁加茨基兄弟的小说里就有的? 这个房间对你而言代表着什么?

塔可夫斯基:斯特鲁加茨基兄弟原本的故事与电影剧本有很大区别,故事里有一个可以满足欲望的地方,不过其表现形式是一颗金色的球。不管是什么原因,反正有这么一颗金球。但是在斯特鲁加茨基兄弟的小说中,欲望实实在在地得到了满足,而在电影剧本里,这个问题始终是个谜。观众不知道这是真实的,还是潜行者的想象。从导演的角度来看,我觉得两种解读都没问题。对于我来说,即使这一切都只是潜行者的幻想,也不影响电影的主题。重要的是两个旅行者没有进入房间。

塔索内:为什么他们没有进入房间?

塔可夫斯基:一方面,潜行者没有进入房间,是因为他进去不合适。他不需要进去。这与他的信仰相悖。另一方面,如果这一切都是他的想象,那么他不进去就是因为他知道他的欲望无法在那里得到满足。对于他来说,重要的是另外两个人相信那个房间能实现他们的欲望，并且他们进去了。即使实际上什么也没有发生。在这个人人丧失信仰的时代，潜行者需要找到相信点什么的人。那为什么作家没有进去呢？我们不知道为什么，他自己也不知道。他既不知道自己要去哪儿，也不知道要寻找什么。我们知道他是个天才，但是已经才尽了，他现在写的东西都是批评家、出版商和公众希望他写的东西。他成了彻头彻尾的流行作家。但他不想再继续走这条路了。起初，似乎他进入那个房间就会写出更好的作品。他就可以回到自己初涉文坛的状态，卸下压在身上的所有包袱。但是后来他的想法变了。他扪心自问：如果我发生了改变，如果我重获灵感，那么我既然已经知道不管写什么都会成为佳作，为什么还要去写呢？写作的意义在于超越自我，向其他人展示自己可以做到什么，而且可以做得更好。如果已经知道自己是天才作家，为什么还要去创作呢？还有什么需要去证明的呢？创造是个人意志的展现。

如果艺术家从一开始就是天才，那么他的艺术就失去了所有意义。此外，作家想起了潜行者的老师"豪猪"

的故事，"豪猪"最后上吊自尽了。作家推断，房间不是让个人的欲望得到满足，而是实现每个人深深埋藏在心里的念头。这是每个人内心世界中最真实的欲望。比如说，假设我渴望财富，可能我得到的不是财富，而是更接近内心真相的东西——比如贫穷，这是我心中真正大声疾呼的。这些都是隐藏的欲望。作家害怕进入房间，是因为他非常不相信自己。

而科学家，他根本就不想进去。从一开始就是。他甚至带了一个炸弹，准备把那个房间炸毁。因为他觉得那个地方会扰乱造访之人的心志，因而危及地球上的所有生命。但是他放弃了这个计划，因为不必害怕那些渴望至高无上权力之人会进入房间，这种担忧是荒谬的。一般人渴望的都是金钱、地位、性等基本的东西。所以他没有摧毁那个房间。另一个原因是潜行者告诉他，那个地方需要留下来，为的是给那些想要某个东西、需要理想的人留下一个空间，让他们仍抱有希望，这让科学家确信自己不该毁掉那个房间。

塔索内：电影结尾处，潜行者为人们没有进入房间而叹息，哀悼他们的怯懦，他们的态度让潜行者错愕。

塔可夫斯基：很明显，他们因为害怕才没有进入房间。首先，作家是害怕的。他深刻意识到自己微不足道，同时也在想：如果进入房间什么都不会发生，为什么还要进去呢？一方面，他知道欲望不可能得到满足，并且那个房间也满足不了人的欲望。另一方面，他感到害怕。这是一种又矛盾又有迷信色彩的状态。这也是让潜行者感到不安的原因。因为没有人真正相信那个房间的存在。

作家坚决否认房间的存在。"它可能根本就不存在，"他说道，还问教授，"谁告诉你它存在？"科学家指了指潜行者。他是房间唯一的见证者。他也是唯一有信仰的人。所有关于房间的信息都源于潜行者，所以很容易让人联想到，是他一手编造了这一切。对于潜行者来说，最可怕的不是人们的恐惧，而是怀疑——信仰在世界上已无立锥之地。

塔索内：你说的信仰指的是？

塔可夫斯基：信仰就是信仰。没有信仰，人类就丧失了精神之源，就会变得像盲人一样。随着时间的推移，信仰有了不同的内涵。但是在这个信仰崩塌的时代，燃起一簇火花，点亮人们心中的信仰，这是潜行者的重要任务。

塔索内：前往"区"的通道被当权者封闭，这是隐喻吗？这是不是意味着当权者不愿意让人们实现自己的真实欲望？

塔可夫斯基：我很难解释为何禁止人们进入。原因可能多种多样。当然，让人们进入"区"是很危险的，因为他们可能会带着危害社会的欲望进入房间。这大概是一种自我保护的本能。这是自然的反应，每个社会都会维护自身的安全稳定。

塔索内：通往房间的路不断变换，让人不知道该如何选择。危机四伏。

塔可夫斯基：就像潜行者所说，这趟行程安全与否，取决于每个人的内在性格。如果来访者愿望真诚，那就没什么可怕的。否则一切都会改变，这里会变得危机重重。障碍四起，变故……

塔索内:系在金属螺栓上的布条是个抓人眼球的意象……

塔可夫斯基:这里并没有特殊的含义。如果不知道前面是什么,你怎么判断某条路安不安全呢?但是有了这根布条,你就可以扔到远处去探路。

塔索内:电影里有一段,其中一个人离开了大部队,然后又很神奇地在走散的地方追上了他们,好像做了一个梦……

塔可夫斯基:科学家离开大部队去寻找自己的背包了。为什么大家会在相同的地方找到他?首先,他们可能迷路了。这是一种解释。此外,如果"区"真如潜行者所说,拥有诸多超能力,那么这个现象就会有上百万种解释。最后,也不排除潜行者为了营造神秘的气氛,故意带着大家绕路。你永远不知道那个房间到底存不存在。这才是问题所在。

塔索内:废弃的房屋里响起了电话铃声是怎么回事?

这是一个美妙的画面,不过为什么会这样呢?

塔可夫斯基:嗯,房子里有一台古老的电话,这个可能性还是很大的,电话没被摧毁,还有人守在电话旁……为什么不可能呢?

塔索内:潜行者有点像先知。他是类似于耶稣的人物……

塔可夫斯基:是的。他是一个预言家,坚信没有精神生活人性就会毁灭。实际上,这个故事讲的就是世界仅存的理想主义者之一面临的危机。

塔索内:为什么这部电影叫《潜行者》,而不是《欲望之屋》,或者就叫《区》?

塔可夫斯基:《欲望之屋》太稀松平常了。我希望这部电影是贴近现实的,而不是幻想作品或者科幻小说。《区》又过于具体,科技色彩太浓。而潜行者是讲故事之人的名字,很简单,他的故事是最关键的。

塔索内:你如何看待影片结尾?

塔可夫斯基:他们回到了现实生活中。潜行者的妻子发现他已经彻底崩溃,因为没有人相信"区",也没有人相信他的故事。

塔索内:那个小女孩呢?

塔可夫斯基:在结尾处,潜行者的妻子问他:"你想让我和你一起去吗?"他答道:"不会再有人和我一起去了。因为再也没有人会相信什么了。"妻子一再坚持:"你想让我一起去吗? 因为我也有想要得到的东西。"他回答:"不,你不能去,因为你也可能动摇。"这不是很好理解。我们无法真正了解潜行者不愿带妻子去"区"的原因。也许是因为受到作家的影响,他觉得去了也不会有什么事情发生,那个地方既有害健康,又一无所用。所以他不应该带妻子去那里。但是为了播撒理想主义,他又应该带其他人去。至于那个小女孩,我也不知道……简单点来说,她代表希望。小孩子总是充满希望的。大概是因为他们象征未来。这就是生活的样子。

塔索内:那小女孩的神秘力量是怎么回事呢?

塔可夫斯基:从象征角度来看,这象征着我们无法认知的新的视角、新的精神力量,以及新的物理力。此外,它也可以代表其他东西。人们总是喜欢期待时间的尽头,可能是因为无法从此生中得到满足。但是生活还在继续。当然,今天我们有了核弹,也许会有世界末日。

塔索内:潜行者下次会和谁一起去?

塔可夫斯基:我有一个想法,再拍一部以潜行者妻子、小女孩、作家及潜行者为主要人物的电影。在这部电影中,潜行者的信仰明显已消失殆尽,他成了一个法西斯主义者。没有人愿意和他一起去那里,他便强行带人过去。

塔索内:有人说《潜行者》是一部令人绝望的电影。对此你怎么看?

塔可夫斯基:我不知道。我觉得不是这样。我不相信哪一部艺术作品会构筑在这种情绪之上。艺术作品必然弘扬积极向上的精神要义,蕴含希望和信念。我认为我的电影不是绝望的,或者说如果是这样,那么它就算不上艺术作品。尽管电影中有些至暗时刻，但阴暗终将过去。这像是一种情感宣泄。它是一场悲剧，但不是让人陷入绝望的悲剧。它讲述了一个关于毁灭的故事，但由于亚里士多德所述的情感宣泄，它又给观众留下了一丝希望。悲剧让人得到净化。

塔索内：你的电影中出现了柏拉图式的对话，诗性与哲思相互交织。

塔可夫斯基：是的，你之所以有这种感觉，是因为电影实际上讲述的不是一段旅程，而像是一场对话，每个人物都在对话中发现自我。我觉得真正的哲学家应该也是一名诗人，反之亦然。我需要饱含感情的意象、象征，但不意味着完全抛弃其中的思想内涵。任何意象，无论多么引人注目——当然它就应该引人注目——都蕴含着非常具体且重要的思想内涵。正因为此，我无法将两者割裂开。

塔索内：你为什么要塑造作家和科学家两个角色？

塔可夫斯基：科学家这个角色出现的原因非常简单。

谁能制造出炸弹？对于科学家而言，这在技术上很容易实现，他也有能力调用所需的一切资源。尽管如此，这个角色也并不一定是科学家。他可以是任何身份，只不过关于炸弹的这一段呈现出来就有难度了。

塔索内：那作家这个角色呢？

塔可夫斯基：这是一个对我来说很重要的角色。当然，他也可以是其他人。画家、音乐家、诗人，任何一个从事精神活动的人。那为什么不能是作家呢？

塔索内：这三个角色身上都有些你的痕迹在。他们每个人都代表了三分之一的塔可夫斯基，可以这样说吗？

塔可夫斯基：可以，不过我最喜欢的角色是潜行者。他代表了我身上最好的部分，也是离现实最远的部分。我觉得自己和作家也很像。这个角色迷失了方向，但我觉得他可以从精神上走出困境。我不了解科学家这个人物。他是一个非常局限的人。我觉得自己和他不像。尽管这个角色的局限性很明显，但他愿意改变自己的想法，思想开阔，理解力强。

塔索内:这部电影和《镜子》一样,水是其中一个很重要的意象。许多镜头都在水下拍摄,色彩斑斓。这些镜头有什么象征意义?你在颜色的选择上有哪些考虑?

塔可夫斯基:我也不知道。我感觉如果我们现在开始讨论这些话题,恐怕就停不下来了。总之在拍摄中,我们对待每个镜头就像画家一样。

塔索内:水下的废墟、生锈的物品本来就在那儿,还是你们搬过去的?

塔可夫斯基:有些是本来就在那儿的,有些是我们搬过去的。

塔索内:你如何看待"区"?这是想象出来的地方吗?

塔可夫斯基:我不知道。某种程度上,它是潜行者的想象。我们可以这样理解:潜行者是创造出这个地方的人,他带着人们进入"区",四处参观,让大家相信他创造出来的东西是真实的。因此,水下的东西、他点燃的火光,对于人们来说都是未知的。有人说,这个世界是潜行者为了根植信仰——对他所创造之现实的信仰——而创造出来的，我完全同意这种解读。这也是我们用来创造这个世界的假说。我们甚至设计了不同的结局，准备在结尾告诉观众是潜行者臆造出了这一切，而他因为遭到人们的怀疑深感绝望。

想象一个非常富有的人，从无到有地一点点创造出一个世界，他想带朋友来到自己创造的这个房子，让他们形成某种观念。显然，如果我是他，我不会说自己早就知道这个地方，也不会说这是我自己创造的。这对于他人来说是一种体验，是一种沉醉的感觉。这是潜行者这个职业诞生的基础。

塔索内：电影中有一段台词说道，知识分子希望，自己心灵上的改进哪怕再微小，都能获得报偿。

塔可夫斯基：是的，这是潜行者在最后说的。事实上，当今世界，人们做什么事情都希望得到报酬。不一定是金钱方面的收益。而是说，行为高尚之人希望被认可为高尚者。这就是现代人的视角，我觉得这是精神世界缺失的结果。

塔索内：可以谈谈你的下一部电影《意大利之旅》吗？

塔可夫斯基：我刚刚开始筹划这部电影。我恐怕说不出来什么，因为确实没有什么好说的。现在还早。

"Interview with Andrei Tarkovsky (on *Stalker*)" by Aldo Tassone from *Positif*, no. 247 (October 1981). Interview took place in Rome in July, 1980. Translated from French into English by Vasiliki Katsarou.

反对阐释:对话塔可夫斯基

伊恩·克里斯蒂/1981 年

安德烈·塔可夫斯基提前近一周抵达伦敦,准备出席《潜行者》媒体会,并于 2 月 8 日在国家电影剧院(the National Film Theater)举行一场讲座。这是塔可夫斯基第一次到访英国,东道主英-苏联合会大喜过望,这是多年以来他们一直想要安排的访问。尽管塔可夫斯基素来不喜曝光和接受媒体采访,但这次他欣然接受了所有的采访安排,而且迫不及待地想要借此机会,从英国电影协会资料馆收集西方关于其作品的评论和剪辑资料。

塔可夫斯基临时规划的行程中,包括观看《我的美国舅舅》(Mon oncle d'Amérique,"不是我喜欢的电影类型,太呆板了"），以及更加热情地观看流行电影的代表之作。他还参观了国家电影学校，并在格拉斯哥和爱丁堡的电影院举行了《潜行者》特别放映会，这些放映会同在国家电影剧院举办的一样，短短几天内电影票就被抢购一空。

在观众提问前，国家电影剧院采访的第一部分旨在让人们对塔可夫斯基等所有苏联电影人的基本工作环境有些许了解。这样做，一方面是因为当时西方公众对于电影的制作环境知之甚少（或者说无从知晓），另一方面也是为了反击认为塔可夫斯基是"受迫害的艺术家"的隐晦传言。情况恰恰相反，塔可夫斯基在交谈中确认，自己对第一版《潜行者》感到不满意后，又重新拍摄了大量片段。同行的高斯影业的塔提阿娜·斯托恰克解释道，塔可夫斯基在苏联经常参与公众对于自己作品的讨论。这当然不是要否认塔可夫斯基因生涩难懂和精英主义而饱受批评——正如1975年《电影艺术》杂志中的讨论所示，赫伯特·马歇尔也在1976年春发表于《视与听》的文章里引用过。不过显而易见的是，塔可夫斯基是一名德高望重的电影导演，他与同时代的西方同行一样享有创作的机会，实际上，从当时欧洲电影艺术的发展状况看，塔可夫斯基有更为广阔的创作天地。谁也无法否认他在赢得文化声誉和赚取硬通货上的价值。

公众采访通过口译员翻译，效果必然不尽如人意，塔可夫斯基的热情和幽默在翻译中丢失了，有些内容被简化了。不过没有这些翻译，关于塔可夫斯基同时代苏联导演的英文资料便更是寥寥无几。如果没有这些碰撞，我们就无法理解苏联电影的巨大他异性；而塔可夫斯基，无论多么个性鲜明，也只有在苏联官方美学的背景下才显得极具启发性与挑衅性。

伊恩·克里斯蒂（以下简称克里斯蒂）：对你来说，苏联以外的观众对于你的电影的反应重要吗？

安德烈·塔可夫斯基（以下简称塔可夫斯基）：我的电影在西方上映并获得观众喜爱，我当然非常高兴。不过，苏联观众对电影的看法更为重要，因为我在自己的祖国拍电影，祖国人民的看法对我来说意义非同寻常。

克里斯蒂：在苏联拍电影的常规流程是怎样的？

塔可夫斯基：我在莫斯科电影制片厂工作，我们自己没有作家,因此剧本都是从外面找的。制片厂会买下导演们感兴趣的剧本。有时候导演也会自己创作剧本,或者请作家按照自己的要求创作。莫斯科电影制片厂分为数个所谓的"创意单元",大家在这里讨论剧本的质量:考虑过每个项目的获利情况后,便开始制作。某个剧本获得国家电影机构(国家影视委员会)——高斯影业的批准后,国家银行就会自动放款,然后我们就和其他地方的制片人一样,开始筹备电影拍摄了。

莫斯科电影制片厂是高斯影业的下属单位,但电影制作设施齐备,有工作间、摄影棚、实验室,因此完全不需要外界参与。电影拍摄启动后,我们没有时间限制,这和其他地方是不一样的。电影成片后,会被送到批准其制作的机构。首先在莫斯科电影制片厂的特定单元中,由"创意委员会"审核电影质量,委员会成员包括作家、导演和电影的整个创意团队。这个时候想要改动电影为时已晚,接着电影被送到高斯影业,由其审核并划分类型。根据被分配的类型,制作团队会获得工资,同时电影的排片量也会确定。

克里斯蒂:在这个阶段会出现什么问题呢?

塔可夫斯基:如果电影无法上映,唯一的障碍只可能是误读,除非这部电影是彻头彻尾的失败品,完全无药可救了。有时候,观众对电影的解读连制作人自己都始料未及。而引发的论战又会与电影发行的逻辑产生冲突,不过这种情况非常少见。至于我自己遇到的问题,主要集中在《安德烈·卢布廖夫》上。直到现在,我也不能理解为何电影发行一拖再拖。或许未来某一天,研究苏联电影的历史学家会发掘出真正的原因。我认为主要问题在于电影发行者内心的恐惧。

克里斯蒂:你们有没有可能去创作低成本、不面向大众发行的电影?

塔可夫斯基:对于我们来说,预算多少与发行规模之间没有必然的联系。大手笔投资而观众寥寥无几、小制作却众口皆碑的案例也不是没有。电影制作和发行的关系也与西方不同,因为一切都在国家的掌控之中,高成本电影的亏空可以用低成本电影的收入来弥补。这时候,你就能看到所有电影统一管理带来的巨大机遇。

克里斯蒂:《安德烈·卢布廖夫》和《索拉里斯》都可以看作人们熟悉的苏联体裁——历史画和科幻剧——的变体。你的作品是否有意打破人们对于这些体裁的一贯期待?

塔可夫斯基:我不认为电影有各种各样的体裁,电影本身就是一种体裁。我们一讨论体裁,便是在把电影视为商业实体进行体系化。然而电影是一门高雅艺术,一门极具诗性的艺术:它不需要任何模式,否则会扼杀其发展潜力。导演面临的困境,简而言之就是对资金的极度依赖。电影是唯一一种起源于买卖集市的艺术。不过,在其短暂的历史中,涌现出一批大师级作品,证明这种艺术可以达到更高的高度。在拍摄《安德烈·卢布廖夫》时,我从来没把它当作一部历史片,也没有把《索拉里斯》按照科幻片去拍——尽管我认为这是我所有电影中最不成功的一部,因为我从头到尾都没能撇清电影与科幻小说之间的关联。小说作者斯塔尼斯瓦夫·莱姆看到剧本后忧心忡忡。他威胁说要收回电影拍摄许可,为此我们又准备了另一版剧本,我本来希望在拍摄时悄无声息地搁置这个版本，但是事与愿违。

克里斯蒂：进入电影界前，你涉猎了多个领域：你上过音乐学校，学过绘画和阿拉伯语，还去西伯利亚从事过勘探工作。这些都发生在你被莫斯科电影学院录取之前。是什么让你想要成为一名导演？

塔可夫斯基：你不能决定当一名导演，而是要努力成为一名导演。如果我是电影学校的老师，我会劝学生不要试图成为导演。没有人知道这其中要付出多少心力，做出多少斗争，导演的真正工作不是在片场拍摄，他的工作与诗人和作曲家无异，都涉及思想上的创新，不过这些不为公众所知罢了。

克里斯蒂：在莫斯科电影学院师从米哈伊尔·罗姆的六年时间里，你有什么收获？

塔可夫斯基：有位法国国王……曾说过，不避一事，方成万事。米哈伊尔·罗姆就是那种想尽各种办法保留我们每个人个性的老师。他的独特之处在于，他没有尝试教授我们专业内容，因为只要我们开始从事电影工作，自然就能学到这些东西。我可以在三个月内把导演的专业知识教给任何人，即便如此，这个人也成不了艺术家。米哈伊尔·罗姆教会我们要敬畏自我，他是我心目中最优秀的老师之一。

（塔可夫斯基谈到了与合作者的工作方式——建立简单直接的关系。接着播放了《镜子》的片尾。）

克里斯蒂：你曾说，《镜子》是一个身患重病之人讲述的故事。你认为这会影响观众对影片的理解吗？

塔可夫斯基：在一些特殊时刻，人们会问自己一些严肃的问题，特别是在面对死亡的时候。主人公回忆的逻辑源于一切发生的时刻，源于记忆背后的因由。这就是我们把主人公设定为身患重病之人的原因——如果他健康快乐，那他记起来的就是另一番样貌、另一种风景了。我想要强调的是，电影这样安排不是出于乏味的戏剧性原因。展现主人公极端的心理状态很重要，因为这样我们就不会觉得他生病纯属意外。我们也不知道他能不能战胜病魔，尽管这对于这部电影的意义——如果有意义的话——而言是无关紧要的。

（观众提问，有关对塔氏电影寓意的解读，以及改编陀思妥耶夫斯基作品的传言。）

塔可夫斯基：我的目标是创造自己的世界，而我们创作的这些形象仅仅代表其本身。我们已经忘记如何建立起与艺术的情感联系：我们像编辑一样，在艺术中寻寻觅觅，寻找据说被艺术家隐藏的东西。实际上我们要做的应该更简单，不然艺术就没有意义了。你应该把自己当作孩子——巧的是孩子们都能很好地领会我拍摄的画面，我至今也没看到哪个严肃的评论家能蹲下来接近这些孩子。我们认为艺术需要特别的知识方可领会，我们要求作者表现更高层次的意义，但作品必须是直击内心的，否则就失去了所有的意义。

我不想把画面描绘成寓言：它们讲述的是我魂牵梦萦的事情。如果我的描述有寓言的意味，那不是我的本意——我并非别有用心地想要揭示隐含之意。在莫斯科，我经常与观众见面，我总是和他们争辩，想办法让他们像孩子一样，但基本上都以失败告终。

我正在以小说《白痴》为蓝本创作新剧本，创作过程非常艰难。人们对于陀思妥耶夫斯基的很多印象都是谬误。比如说全世界的人——包括莫斯科人——都认为他是一位宗教作家。他们似乎不曾想过，与其说陀思妥耶夫斯基是宗教作家，不如说他是第一位在戏剧中塑造信仰根基动摇之人的作家。陀思妥耶夫斯基展现了精神沦丧的悲剧。他笔下的主人公皆是希望有信仰却无法相信之人。我觉得正是对精神空虚、宗教信仰危机的关注，让陀思妥耶夫斯基在西方引起如此巨大的轰动。他从来没有正面谈论这个话题，但他毕生都因无法信教而饱受折磨。他举手投足间总是信徒的样子，却不能向任何人承认事实——他可能觉得这样做是不妥当的。我希望带着这样的观点来塑造梅诗金公爵。

（观众提问，有关对塔氏电影的情感回应的重要性。）

塔可夫斯基：我看重的是电影能够引发观众的共情。艺术形象可以引起观众一致的情感体验，但是过后的想法又各不相同。一旦开始在电影中寻找意义，你就会错过发生的一切。称职的观众在观看电影时应该像旅人欣赏路过的国度一般,因为艺术形象所产生的效果是精神以外的交流。有些艺术家会赋予自己创造出的形象以象征意义,但我不会这么做。禅宗诗人处理这个问题的方式非常巧妙:他们扼杀了一切解读的可能,同时建立起一对平行时空,一边是真实的世界,另一边是艺术家在作品中创造的世界。

那么艺术活动目的何在?我认为艺术旨在让人类灵魂乐于感知善。艺术形象使灵魂变得开阔,正因为此,我们才说艺术形象帮助我们交流,而且这种交流是最高意义上的交流。我无法想象艺术作品会促人作恶。像《根除者》(*The Exterminator*)这样的电影毫无艺术可言。我拍电影的目的是尽自己所能帮助人们去生活,即使电影有时候也会让他们悲伤——当然我说的不是《克莱默夫妇》引发的那种眼泪。你可能也注意到了,电影越能让人莫名流泪,这些眼泪背后越有值得挖掘的深刻原因。我不是在这里讨论多愁善感的问题,而是探讨艺术如何抵达人类灵魂深处,让人们毫无防备地拥抱善良。

(观众提问时暗示,塔氏电影中的画面比语言更有分量。他佯装大吃一惊:"你是在说我的电影?"观众哄堂大笑。)

塔可夫斯基:问题在于,语言和对话就是我们生活其中的世界的一部分,我们为什么要拒绝世界的一部分呢?这样太形式主义了。

(观众提问,其他导演没有在电影中同时运用彩色和黑白画面,他是否觉得惋惜。)

塔可夫斯基:现在我找不到任何一个选择拍黑白电影的导演了。观众喜欢彩色的画面,但很奇怪的是,我觉得黑白画面的现实感要优于彩色画面,因为在生活中,我们一般注意不到颜色。但是在电影中,观众一下子就能发现彩色的画面,以至于彩色电影的固有属性都被掩盖了。在我看来,黑白色表现力极强,让人印象深刻,我会继续在电影中大量使用黑白画面。我觉得未来某一天,电影甚至会重回黑白片的时代,当然如果电影这种艺术形式还继续存在的话。

(观众问他最欣赏哪位苏联导演。)

塔可夫斯基:格鲁吉亚导演埃索里亚尼和谢尔盖·帕拉杰诺夫是我心目中最优秀的苏联导演。执导了《二十日无战事》(*Twenty Days Without War*)的列宁格勒导演日尔曼可以排在第三。

"Against Interpretation: An Interview with Andrei Tarkovsky" by Ian Christie from *Framework*, no. 14 (1981).

解读塔可夫斯基

菲利普·斯特里克/1981 年

安德烈·塔可夫斯基的伦敦之行非常突然,他抵达伦敦时正值年初《潜行者》角逐奥斯卡,这还要感谢一连串秘而不宣的原因。当然众所周知,他曾在过去十年间造访过意大利和法国,不过后来,他似乎成为西方世界很难见到的俄罗斯人之一,是百闻不如一见的人物。现在,他第一次来到伦敦,突然出现在我们中间,消息火速传开了。短短几天内,塔可夫斯基被安排了一次接一次的记者采访、一场又一场的影迷见面会,寥寥数语的通告却引来国家电影剧院里人山人海的观众,等着他出现。

在参与《索拉里斯》发行期间,我曾较为系统地研究过塔可夫斯基,因此我也加入这群人,并有幸与当代电影公司的查尔斯和基蒂·库珀私下商议,悄悄把他约出来吃了一顿饭。他身材瘦小,头发茂密,随意地穿着实用的蓝色工装裤,急急地走进来,就好像他的个人镜头被某位不耐烦的剪辑一帧帧剪掉了似的。塔可夫斯基口才一流,同时还有两位官方翻译坐镇,但他尽量避免谈及具体内容;他显然能听懂一些英语,但是并没有直接交流。

但这次对话还是揭开了一些谜团。《索拉里斯》的国外版未经剪辑;我们所看到的,包括缺损的,就是塔可夫斯基创作的两小时四十八分钟的电影原片。他从未参与创作《第一位教师》,而外界普遍认为他在与安德烈·康查洛夫斯基合作《安德烈·卢布廖夫》期间,共同创作了这部作品。《镜子》从未受到当局的封禁,恰恰相反,在第一轮上映期间,苏联政府要求莫斯科电影院提前开门(早上七点,当然这个安排有利也有弊),以解决电影一票难求的问题。

另一个令人惊奇的消息是,因为实验室处理出了问题,《潜行者》中的大量镜头都经过了二次拍摄。"确实很有挫败感,不过从最终结果看,成片质量大大提升。二次拍摄使影片中的一些东西不一样了——就好像一个女人不可能两次生出一样的孩子——但与我拍的其他电影相比,我对这部电影最终版的满意度是最高的。"电影混杂了彩色和黑白画面,这是后期处理问题造成的吗?"不是,这是特意安排的。我喜欢黑白电影;我感觉我好像是发现新大陆的人。观众应该更喜欢彩色电影,但我认为在现实表现力上,彩色电影比黑白电影逊色多了。一般我们注意不到色彩,除非是在电影或多或少的夸张表现手法下。所以说电影中最'真实'的画面是黑白的。"《潜行者》里"区"(大多数都)运用了彩色画面,与灰暗的外部世界形成鲜明对比,你是不是有意把它塑造得不真实?"'区'是一个病态的废弃之地;当然,它有一种不真实感。彩色画面的运用很可能是要表现它的不真实性,不过我不能确定。"

此番答复恰到好处地回应了人们经常争论的话题:在塔可夫斯基的电影中,哪些是确信无疑的。谈到这个问题,塔可夫斯基加快了语速(他在国家电影剧院与观众见面时也是如此),两位译员很吃力才能跟上。"每个人都问我电影里的事物有什么含义。真可怕!艺术家无须回答这些关于含义的问题。我对自己作品的思考没有那么深入——我不知道作品里的象征可能代表什么。对于我来说，重要的是这些象征能触动人的感情，这种感情可能是各种各样的，取决于电影给你带来的内心感受。如果你去探究意义，反而会错过发生的一切。看电影的时候思考，会扰乱你的观影体验。就像把手表零件拆开，它就用不了了。艺术作品也是如此，分析一部作品必然会毁了它。"

就《镜子》的自传性来看，其中的一些事件和画面对于他本人更有特殊意义，塔可夫斯基不会否认这点吧？他一脸惋惜，承认这部电影让他失去了很多朋友。"太傻了。他们责备我在电影里谈论自己的故事时太私密。但如果我呈现的是当时就不理解的东西，现在又怎么能解释呢？大家总是热衷于在我的作品中寻找我'隐藏'的东西，但是如果拍电影是为了隐藏自己的想法，那多奇怪啊。我电影里的画面并没有其他含义。"不过我坚持认为，他在编排电影时是有意图的。比如说在《镜子》里，为什么一只鸟会落在男孩的头上？经过口译员艰难的翻译，我们发现导演还是有意图的。"我的妻子，"他说道，

"能吸引鸟儿。我们一起走在树林里,鸟儿会飞向她——她就像鸟儿一样,是自然的一部分。一些乡下人甚至叫她女巫。现在我知道她身上绝对没有邪恶的东西,鸟儿从不会靠近邪恶之人。在这部电影中,孩子只是有些顽皮,所以我安排了鸟儿的出现,暗示孩子真实的天性,向观众表明他不是无药可救的熊孩子。"

这样的解释引发了后续效应。塔可夫斯基发表此番突破性言论后,欣然聊起电影中的含义。有些解释颇具说服力。《索拉里斯》的最后一幕?"宇航员克里斯被海洋重塑,海洋是他思乡之情的实体化,在索拉里斯星上得以重建。"《镜子》里的妻子/母亲漂浮在床上方的半空中?"这既不是噩梦也不是象征;这种漂浮感就是我们每个人在失去支持后产生的感受。"(同时,他谢绝告诉我这个镜头是如何拍摄出来的,只是说非常简单。)《潜行者》里那个似乎会隔空取物的孩子呢?"我们对自身的了解并不透彻;有时候我们会展现平常标准下无法衡量的力量。我希望看到这样的事情,"他若有所思地加了一句,"随时都会发生。"

或许,最好让塔可夫斯基所呈现的画面保持其暧昧性。在国家电影剧院的见面会上,他拒绝在采访中途按惯例播放电影片段,并以此结尾:"我们已经忘记了如何建立起与艺术的情感联系——我们像编辑一样对待艺术,而一切本该非常简单。孩子们心思简单,他们能很好地领会我的电影。我至今也没看到哪个严肃的评论家能蹲下来,像孩子一样接受我的电影本身的样子。"①

"Tarkovsky's Translations" by Philip Strick from *Sight and Sound* 50,no. 3(Summer 1981): 152 – 153.

---

① 塔可夫斯基说的这段话与本书第 113 页上的似乎是同一段话,但原书中两段话的表述有所不同,中译本据原书的表述译出。

塔可夫斯基在意大利

托尼·米切尔/1982 年

"(1982 年)9 月末,我开始准备新电影,至于要怎么拍,我还没有想清楚。"安德烈·塔可夫斯基说道,"电影由意大利广播电视公司(RAI)和法国高蒙电影公司(Gaumont)联合莫斯科的索文电影公司(Sovin Film)出品,耗时三年半才走到今天。我感觉这部电影我好像已经拍过不知道多少次了。想要保持新鲜感很难。在莫斯科,我从来没有为资金的事情烦心过,因为我不需要出去拉投资;但现在我知道这是怎样的感受了,在这种情况下坚持自我太难了。我的电影一直都是按照我自己的意愿拍摄的。我从未经历过意大利导演同行们面临的艰难处

124

境。但实际上,我现在的工作条件非常优越。剧本初稿已经有了,不过是过去写成的,这意味着我想在拍摄期间做出修改,我的上一部电影《潜行者》就是边拍边改的。问题在于,每次我都没有充足的时间进行剪辑。希望这次我有时间进行剪辑,毕竟不需要什么成本。"

安德烈·塔可夫斯基的《乡愁》剧本由托尼诺·格拉创作,在老合作伙伴安东尼奥尼及新加入的罗西的共同参与下,电影终于开拍了。这是首部由苏联导演拍摄的在欧洲电视台放映的影片,它启用了意大利制作班底,由奥列格·扬科夫斯基(曾出演过《镜子》)、厄兰·约瑟夫森和多美兹亚娜·佐丹奴主演。《乡愁》是一部彩色电影,投资规模约五十万英镑,将在托斯卡纳、佛罗伦萨、比萨、罗马、米兰、威尼斯、拉文那及莫斯科等地取景。电影将在 1984 年春季上映,并在电视上放映。

塔可夫斯基称《乡愁》是"一个简单的爱情故事"。安德烈·戈尔恰科夫(扬科夫斯基饰)是俄罗斯的一名大学老师,他第一次来到意大利,探寻自己长期以来研究的建筑。他单恋着他的口译兼向导(多美兹亚娜·佐丹奴饰);并遇到了多米尼克(约瑟夫森饰)——托斯卡纳的一名数学教授,因为相信世界末日即将来临而被视为疯子,戈尔恰科夫在多米尼克身上发现了另一个自己。

意大利广播电视公司在罗马举行了新闻发布会,宣布《乡愁》开机。当时塔可夫斯基这样说道:"《乡愁》展现了并不真正了解彼此之人不可能生活在一起;揭示了相知的必要性,以及互不了解引发的问题。相识容易,相知却很难。而该电影还有更为深刻的层面,那就是文化输入或输出、借用异国文化的不可能性。我们俄罗斯人可能会说自己懂但丁和彼特拉克,就像你们意大利人会说自己懂普希金一样,但实际上这是不可能的——必须是本国人才行。文化的复制和散播于其核心要义有害,传播的只是表面的东西。把异国他乡的文化灌输给某个人是不可能的。

"在电影里,口译尤金倪亚问:'怎么样才能理解另一个民族?'安德烈回答:'毁掉界限。'这是一个错综复杂的全球性问题,要么用简单的方式解决,要么根本就无法解决。用简单的方式,一个孩子也能解决,但是要用更复杂的方式,就涉及自我认知了。安德烈尝试向疯子,也是另一个自己,倾诉这些问题。安德烈在寻找真理,他时常觉得教授并非第一手获得的知识毫无用处。在疯子身上，他看到了对自己的行为坚信不疑之人，一个宣称知道如何拯救世界并据此行动之人。多米尼克像是一个毫无戒备的孩子，他不会瞻前顾后，某种程度上，他代表了安德烈身上缺失的部分。"

多米尼克这个角色是格拉偶然看到报纸上的故事后，灵光一现创造的，当时剧本已经写好了一部分。塔可夫斯基说，这是一个幸运的发现，因为多米尼克是电影的重要构成部分。"格拉是一个天赋异禀的诗人，他慧眼识珠，总能有重大发现。不过幸运的是，我是导演，而他是诗人，所以我不用嫉妒他。"起初，塔可夫斯基准备在莫斯科拍摄电影的相当一部分场景，但是由于与索文电影公司的协议出现问题，他不得不将原本计划在莫斯科拍摄的电影镜头减半。"上帝又给我们开了一扇窗。我们在托斯卡纳找到的房子比莫斯科的更有电影氛围，我非常高兴能在意大利铺开俄罗斯的这一隅。"

塔可夫斯基是否依然沉迷于水元素？"水是一种非常神秘的元素，在镜头下，一个水分子是魅力无穷的。"塔可夫斯基说道，"它能展现运动，以及变化和流动之感。

在《乡愁》中，我会多次使用水元素。或许这是潜意识——我对于水元素的热爱可能源于某些原始的记忆或者代代流传的印记。"

关于他电影里"悲观的"情绪和意大利人"乐观的"生活方式之间的潜在冲突、意大利人对影片的不理解，塔可夫斯基说："我并非不乐观，总的来说，我的电影讲述的是比较简单易懂的爱情故事。但是同时，我也试图触及表面之下更为深刻和让人不安的东西。悲观源于忧虑，源于费解的自设问题。这些问题不是乐观面对世界就能轻易解决的。我关注的是那些忧心世界状况的人物，或许这有时候非常复杂。

"电影是一种极具张力的艺术形式，可能无法为大众所理解。并不是我不想被理解，而是我不能像斯皮尔伯格那样，按照大众口味拍电影。如果我这样做了，我会感觉羞愧难当。如果想要赢得大众，就得拍像《星球大战》和《超人》这样的电影，这些电影跟艺术沾不上边。这并不是说我把观众当傻瓜，而是我绝对不会费尽心思去取悦他们。我也不知道为何我在记者面前总是处处防备——可能有一天我会需要你们，特别是如果我的电影像西奥·安哲罗普洛斯一样名扬四海的话!"

1982年9月9日,在罗马帕拉提诺中心举行的"电影小偷——国际密谋"会议上,塔可夫斯基进一步拓展了自己的观点。他播放了《七武士》《穆谢特》(*Mouchette*)、《纳萨林》(*Nazarin*)和《夜》(*La Notte*)的片段,这些都是最直击他内心的电影,不是影响他那么简单。

塔可夫斯基说道:"影响、交汇或者说相互作用是很复杂的。电影并不存在于真空中——同行之间的影响是难免的。那么影响或者交汇是什么?在什么环境下工作,和哪些人一起工作,艺术家选择这些就如同在餐厅里点菜。黑泽明、沟口健二、布列松、布努埃尔、伯格曼和安东尼奥尼对我作品的影响不是"模仿"意义上的——我觉得不可能,因为模仿有悖于电影创作的目的。导演应该去寻找自己的语言,然后用它来表达自己。我认为交汇的意思是与自己敬佩和仰慕之人携手同行。

"如果我发觉某个画面或连续镜头会让人联想到其他导演的作品,我会努力避免并调整这一场景。这种情况非常少,拿《镜子》来举例,我安排了这样一幕:女主角在一个房间里,她的母亲(原文如此)在隔壁房间。这是两个女人的特写,虽然是个全景镜头,而且这位母亲正凝视着一面镜子。实际上这一幕是从镜子里拍摄的,而这面镜子却并不真实存在,女人正直直地望向房间。这只是让人感觉有一面镜子存在。我意识到,这一幕活脱脱就是伯格曼电影中的场景。尽管如此,我还是决定这样拍摄,以此致谢,或者说致敬我的同行。

"如果没有我刚才提到的这些导演——当然还有杜辅仁科——我们现在就创作不出任何电影。每位导演都会探索自我风格,这是理所应当的,但是如果没有这些导演的背景作为铺垫,电影界就是另一番景象了。目前很多导演似乎都在经历非常艰难的时期。在意大利,电影正面临困境。我的意大利同行——电影界最有名的那些人物——告诉我意大利电影已岌岌可危。当然,电影观众是造成这种情况的主要原因。长期以来,电影一直在迎合公众口味,现在公众却不愿再看某一类电影了,这其实不失为好事。

"导演分为两类,一种专注描摹自己所生活的世界,另一种致力于创造自己的世界。后者包括电影界的诗人，如布列松、杜辅仁科、沟口健二、伯格曼、布努埃尔、黑泽明等电影界最重要的人物。这些导演的作品一般受众很少，因为作品所反映的内在抱负总是与大众口味相悖。这并不意味着这些导演不想为观众所理解，而意味着他们极力想揣摩并领会观众的内心感受。

"虽然现在电影发展面临困境，但每种艺术形式都是独特的，电影仍然是一种具有其他艺术形式无法比拟之内涵的艺术形式。比如说，如摄影天才卡蒂埃-布列松所示，摄影是一门艺术，但是与绘画没有可比性，因为摄影与绘画之间不存在竞争。导演必须问问自己：电影与其他艺术的差别在哪里？我觉得电影的独特之处在于其时间维度。不是说它是按时间顺序发展的——音乐、戏剧和芭蕾舞也是按时间顺序发展的。我说的时间是字面意思。什么是一个镜头？是'开始'和'停'之间的时间间隔吗？电影从时间意义上定格了现实——这是一种保存时间的方式。其他艺术形式都无法像电影这样让时间定格和停止。电影是时间的集合，它汇聚了多个要素。想象一下三四个导演或摄影师对着同一个素材拍摄一个小时，每个人都会生成自己的版本。最终可能会产生三四种完全不同的电影——每个人经过删减保留，制作出自己的电影。电影在定格时间的同时，导演始终可以精心编排素材，展现自己的匠心独运。

"从审美角度看，电影正在经历一个糟糕的阶段。彩色电影被视为最接近现实的电影形式，但我觉得这是一条死胡同。每种艺术形式都以真实性为目标，并努力达到普遍化。色彩的使用与人类如何感知世界有关。拍摄彩色的场景就是构思安排一个画面，画面中的一切都是彩色的，并让观众意识到一切都是彩色的。黑白画面的优势在于表现力极强，并且不会分散观众的注意力。

"你也能发现彩色电影中富有表现力的片段，但是大多数意识到这一问题的导演都会转而尝试黑白电影。想要在彩色电影中开拓与众不同的视角，或者希望它和黑白电影一样震撼，至今还无人成功过。意大利新现实主义之所以重要，不仅是因为它探讨日常生活中的问题，掀开了电影史上新的一页，更是因为它是通过黑白电影实现的。生活中的真实并不一定等同于艺术中的真实，而现在彩色电影已经成了纯粹的商业现象。电影发展史上曾有一个时期，人们试图通过彩色电影来打开新局面，但是一无所成。电影变得光彩夺目，这意味着我正在看的电影，对于坐在另一个角落里的人来说已经大不相同了。

"我播放的电影片段是最贴近我内心想法的代表作品。它们集中表现了某种思想，以及如何借助电影传达这种思想。在布列松的电影《穆谢特》中，女孩自杀的方式格外震撼人心。《七武士》里，当镜头中最小的武士感到害怕之时，我们看到了黑泽明如何在电影中传递恐惧感。男孩在草丛中瑟瑟发抖，但我们看到的不是他在颤抖，而是草和花在颤抖。在雨中决斗一幕中，当三船敏郎扮演的人物丧命时，我们看到他倒下了，双腿溅满泥浆。我们眼睁睁地看着他死了。

"在布努埃尔的《纳萨林》中，我们看到受伤的妓女得到纳萨林的救助，看到她用碗喝水的样子。安东尼奥尼《夜》的结尾或许是整个电影史上唯一一个必不可少的情爱画面，甚至到了类似精神行为的程度。这是特殊的一幕，在这一幕中，身体上的亲近极其重要。两位主人公已经为彼此耗尽感情，却依然亲密。我的一位朋友曾说过，和丈夫一起生活五年以后，感觉就像乱伦一样。亲密无间的两人无路可逃。我们看到两位主人公迫切地想要拯救彼此，就好像两人正垂死挣扎。

"我在拍摄之前，总是会重温我喜欢的电影，那些我视为'同类'的导演的作品——不是为了模仿，而是想感受他们作品的氛围。我展示的电影都是黑白的，这不是偶然。这些电影之所以重要，是因为导演将身边的东西变成了珍宝。而所有这些场景又是别具一格的，因为它们不同于日常生活中的情形。这就是艺术家的伟大之处——将我们的内心世界展现在我们面前。所有这些场景都定格了美——而不是给予享受——并以此迎合了观众的需求。如今这种类型的主题极其难以处理，谈到这个话题都近乎荒谬——没有人会买你的账。不过，电影还是会继续存在，这要感谢这些诗人。

"拍电影需要钱，而写诗只要笔和纸，电影的弱势就体现在这里。但我还是相信电影无可匹敌，同时也致敬所有披荆斩棘成就自己电影作品的导演。我展示的这些电影片段都有自己的节奏。（现在似乎大多数导演运用的都是快且短的场景，对剪辑和感光的运用成了大家眼中真正的专业导演的标志。）每一位真正的导演，其目标都是表现真实，那么制片人关注的是什么？20世纪 40

年代,美国进行了一次社会调查,根据压力程度对职业进行排序。当时广岛原子弹事件刚发生,因此飞行员压力水平名列首位。排在第二位的便是导演。这几乎成了自杀率飙升的职业。

"我刚刚从威尼斯回来,担任了电影节的评审团成员。在此我可以做证,现在的电影已经彻底堕落了。威尼斯电影节的盛况令人叹惋。我认为,要想理解并接受法斯宾德的电影《雾港水手》(Querelle),需要完全颠覆精神信仰。显然,马塞尔·卡尔内①比我对这部电影的接受度更高。我觉得这是一种反艺术的现象,它关注的是社会和性方面的问题。如果仅仅因为是法斯宾德的最后一部作品就授予其奖项,那就太不公平了——我觉得法斯宾德的其他电影比这部好得多。然而,当前电影界面临的危机并不可怕,因为各种艺术总会经历危机,然后走向复兴。你创作不出好电影不代表整个电影界就灭亡了。

---

① 　马塞尔·卡尔内(1906—1996),法国诗意现实主义电影代表导演之一。他是 1982 年威尼斯电影节评审团主席,因《雾港水手》未获奖而决定退出评审团。

"最优秀的电影介于音乐和诗歌之间。它已经达到和其他艺术形式一样的高度。作为一种艺术形式,电影的地位已经得到巩固。安东尼奥尼的《奇遇》(*L'avventura*)是很久以前拍摄的,但是现在看来就像最近才拍的。这是一部传奇的电影,它一点也不会过时。也许现在大家不会再拍这种电影,但它始终是鲜活的。我的意大利同行们正在经历非常艰难的时期。新现实主义和伟大的导演似乎消失了。制片人像毒贩一样,只想搞钱,但是他们中的大多数都走不远。在意大利上映的《索拉里斯》几乎和我没有任何关系,而如今它的发行公司已经倒闭了,大多数发行商的命运似乎也是如此。"

"Tarkovsky in Italy" by Tony Mitchell from *Sight and Sound* 52, no. 1 (Winter 1982/1983).

《乡愁》的阴云

埃尔韦·吉伯特/1983 年

埃尔韦·吉伯特（以下简称吉伯特）：在巴黎的时候，有人告诉我，安德烈·塔可夫斯基希望请法意口译而不是法俄口译，因为他怀疑所有的俄语口译都在为苏联国家安全委员会工作。

安德烈·塔可夫斯基（以下简称塔可夫斯基）：这肯定是在开玩笑。

（译员翻译了塔可夫斯基的话，并补充道："我是波兰难民，1969 年离开祖国，现在是意大利公民。"）

吉伯特：《乡愁》讲了一个什么故事？

塔可夫斯基：距离我们在戛纳观看该影片才没多久。其实对于这部电影我没什么想说的，我也不想有什么期待。但是，我想透露一些实实在在的信息，让观众做好准备，不过严格来说也不算剧透。导演本人也没有看过成片。

吉伯特：还是想请你回答一下，你在电影中想表达什么？

塔可夫斯基：简单点说，我想讨论的主题是"乡愁"，不过我指的是俄语中这个词的意思，它是一种致命的疾病。我想遵循陀思妥耶夫斯基的传统，展现俄罗斯人典型的心理特征。这个俄语单词很难翻译：其中有怜悯的含义，但是要比怜悯更强烈。它是指在他人的痛苦之中积极寻找自我。

吉伯特：谁的痛苦？

塔可夫斯基：原则上，这种痛苦可能是任何人的，存在于芸芸众生间。不过当然，这种怜悯之情在至亲密友间更为强烈。

吉伯特：谁受痛苦折磨？为什么会受痛苦折磨？

塔可夫斯基：电影中有三位主人公：云游的俄罗斯诗人、他的翻译，以及他们在意大利遇到的一个当地人。电影讲述的是一个俄罗斯人对一个意大利人的怜悯之心。

吉伯特：这个意大利人比俄罗斯人更痛苦吗？

塔可夫斯基：我觉得是的，不过我不能再详细解释了，再说就是剧透了，这些应该留给观众去体会。而且这个话题也无关紧要，因为电影的核心观点并不直接依赖于此，而是通过其他素材表现的。这是我人生第一次强烈感受到，一部电影可以传达出作者的心理状态。电影主人公就是导演的另一个自我。

吉伯特：你是如何从电影主题中抽离，又逐渐靠近自我的？

塔可夫斯基：这是无法预测的，是在拍摄过程中发生的。我不是有意识这么做的，而是在电影素材中发现的。

吉伯特：这种身份上的认同是演员带来的吗？

塔可夫斯基：演员的重要性不容低估，但我认为建立身份认同不是演员的责任。这像是一次巧合：我想要表现的东西突然与我当时在意大利的心境相吻合。想要抛开这些因素很难。

吉伯特：每个人都会感到痛苦，你觉得痛苦源于何处？

塔可夫斯基：因为人们在物质中沉迷。纵观整个历史，与精神领域的发展相比，人类已经实现了惊人的飞跃。人类未曾思考过，这种进步与精神发展步调不一。

吉伯特：在什么意义上，你谈论的是全人类的问题？

塔可夫斯基：总的来说，人们总是爱谈论别人而不是自己，总是喜欢琢磨别人，很少探究自己，不管是好还是坏的方面。每个人对自己的命运常常漠不关心。利己主义并不等同于自爱，两者恰恰相反。一切取决于从何处寻找自己的人生意义。如果我们认为人不属于自己，那么利己主义就不是自爱。每个人对于自我的探索都开始得比较晚，不过在生活中或早或晚，人们都会产生自我意识。

吉伯特：为什么人们不去探索自我？

塔可夫斯基：当然是为了在这个物质的世界以物质化的方式生存。并不是每个人都能领悟到人类同样拥有精神生活。

吉伯特：你自己在生活中，是怎么坚信或确信这一点的？

塔可夫斯基：我已经记不起什么时候意识到了精神世界的存在，不过我心里埋藏着一些意识的种子，而且我觉得它们会自己生长。有时候，我觉得有人在拉着我的手指引我。

吉伯特：这是好事还是坏事？

塔可夫斯基：这是一种感觉，无关欢愉，也不是恐惧。它是安全感，是自信心，是一种我在此之前从未感受过的幸福状态。我感受到自己不再被抛弃，也不是孤身一人。

吉伯特：你有没有强烈感觉到自己是一个充满神秘感的流亡者？

塔可夫斯基：关于自己是不是流亡者，我无法做出客观的评论。去年3月，我来到罗马拍摄电影。我和意大利广播电视公司签了合作合同，我是外籍工作者。

吉伯特：在苏联，你有没有觉得自己拥有特权？

塔可夫斯基：没有，很遗憾。

吉伯特：你的电影在那里接受度如何？

塔可夫斯基：官方评论一直认为我的电影晦涩难懂，谢尔盖·邦达尔丘克也在意大利的一场媒体见面会上这样说过。但是年轻人对我的电影兴趣尤甚。我甚至可以说，邦达尔丘克的言论与事实相矛盾。

吉伯特：邦达尔丘克是谁？

塔可夫斯基：他是一位非常伟大的苏联导演。邦达尔丘克拿遍苏联的各种大奖和官方荣誉。很遗憾你没听说过他。

吉伯特：你是不是从来没有恐惧过？

塔可夫斯基：和大家一样，我也不时感到恐惧。

吉伯特：在罗马生活有没有让你感到更惬意？

塔可夫斯基：总的来说，我试图逃离浮华的社交生活，资本主义世界的社交活动尤其频繁。从这个角度来看，与在我的祖国相比，在罗马我不得不结识更多人，维持更广泛的社交。

吉伯特：你为什么会选择意大利？

塔可夫斯基：此前我来过几次意大利，我对这里的环境更为了解。回到这里似乎顺理成章。除了俄罗斯，意大利是最让我舒心的国家。我很难解释其中的原因：我觉得这与意大利生活的独特性有关；在这里，喧哗中亦有个性和活力。这不同于北欧国家"形而上学"的特点。东方文明对于物质主义的淡漠态度让我倍感亲切。在精神层面，东方因其传统和文化，比西方更加接近真实。

吉伯特:在意大利的流亡延续了整个俄罗斯的文学传统……

塔可夫斯基:意大利的总体环境,从表面上看,是创造力集中爆发的。其精神领域的发展受到了文化传统的鼓舞,就像重量一样真实可感。也许我的感觉不对,但是这种压力似乎与一种并不轻松的感觉联系在一起。人们会感受到地中海中心地区各种强烈情绪的余温,这是摆脱不掉的影响,会扰乱人的精神。我的许多意大利朋友觉得在罗马生活不下去,他们想方设法去亲近自然。对于我来说,这与生活在像巴黎或莫斯科这样的大城市而产生的压力不同。罗马和米兰是两种不一样的城市,罗马承载着传统的责任,彰显几个世纪以来丰富多彩的过往。而在其他地方,我们就生活在当下。比如去伦敦的时候,我觉得自己在乡村或者在沙漠里。我不是说一个城市有过去或者没有过去就是好的或者不好的。

吉伯特:作家伊萨克·巴别尔看到那不勒斯湾后,在第一棵棕榈树前兴奋地大喊:"这里就是天堂!"然而,离开故土后,他的创作也骤然停滞。比如说,他写的巴黎故事就表现平平。巴别尔在通信中写道:"我需要雪和无产阶级才能写出东西。"他不仅是政治人质,也是生他养他的地方的人质。

塔可夫斯基:我非常理解。虽然果戈理在罗马创作了《死魂灵》,但他在这里工作得并不顺心。他非常喜欢意大利,多次向俄罗斯当局申请在此定居,称自己身体状况不佳,严酷的气候环境不适宜。普希金也曾希望出国工作,但没有得到沙皇批准。另一方面,想想蒲宁,他长期流亡,深受其苦,却在巴黎和格拉斯创作出了杰作。再回到从生活中寻找素材的问题。我们常认为与血脉同胞之间的关系是最为关键的,但是这种关系也是巨大痛苦的来源。谁说我们活着只是为了追求快乐呢?我觉得这种观点荒谬可笑、错得离谱。

吉伯特:你颠沛流离,创作手法有没有因此改变?比如语言、语气,甚至格调氛围和外表结构都不一样了……

塔可夫斯基:人们说我是个悲观主义者。当我看到自己在这里拍的这部电影,其中的悲伤和沉郁触动了我。

这里传达的不是严格意义上的悲观主义，因为电影并非构建于物质关系之上。不过大家也不能说我吸收了意大利骨子里的欢乐和喜悦。也许这是缺乏耐心和宽容的后果。快乐之人确实会在某些方面激怒我，我受不了周围都是这样的人。只有真正完美的灵魂才拥有快乐的权利，或是儿童和老人。但是快乐的人基本上都缺少特质。我觉得快乐源于对自我所属环境认识不清。

吉伯特：《自由之路》（Yol）的编剧尤马兹·古尼也是一位流亡国外的导演。今年，他在法国拍摄的土耳其电影《坚墙》（The Wall）登陆戛纳电影节……

塔可夫斯基：这个情况不太正常。我不认为各个国家生活环境上的物理差异会对人性造成过度影响。如今，我们对灵魂发展的重视程度远不及曾经。相反，我们似乎日渐削弱灵魂的崇高地位。我们像蜜中苍蝇一样沉入物质主义世界，而且怡然自得。这个发展方向是正确的吗？如果我们把宗教法庭的受害者数量和集中营的受害者数量放在一起比较，会发现前者还处于黄金时代。我们这个时代最荒谬的观点莫过于，缺乏精神信仰之人联合在一起就可以给其他人带来幸福。人类又一次在思索拯救他人的话题。不过想要拯救别人，首先必须拯救自己。每个人都要有精神力量，如果没有的话，想帮助别人的愿望就会变成强加，成为暴力。如果每个人都能拯救自己，那么就没有必要去拯救他人了。我们总是喜欢给建议、做指导，却忽略了自己心里最深重的罪恶。

吉伯特：邪恶与其说是物质概念，不如说是政治概念，你认为呢？

塔可夫斯基：政治是人类的物质活动。

吉伯特：你觉得精神性和情感是对立的吗？

塔可夫斯基：情感是精神性的敌对面。关于激情，赫尔曼·黑塞有一段非常精辟的表述。在《玻璃球游戏》（*The Glass Bead Game*）中，他写道，激情是内在世界——灵魂——与外部世界碰撞的产物。我认为，黑塞大概觉得情感是人类与物质现实之间的冲突。情绪性与真正的精神性风马牛不相及。

吉伯特：你的电影是否表明你很喜欢隐喻？

塔可夫斯基：从生命的开端到结尾，我们的生活就是一个隐喻。我们周围的一切也都是隐喻。

吉伯特：那么在你的电影中，哪些是真实的，哪些是不真实的，你又将自己置于何处呢？

塔可夫斯基：我们不可能创造出不真实的东西。一切都是真实的，很遗憾我们不能把现实抛诸脑后。我们可以用诗意的方式，或者单纯的描述性方法表达自己对于现实世界的观点和态度。我自己比较喜欢用隐喻来表达。我一直坚持说这是隐喻而不是象征。象征本质上都包含特定意义，有一种思维惯式，而隐喻只涉及意象本身。意象与其所代表的世界具有共同特征。与象征相反，它的意义是未被限定的。我们不能用确定和受限的方式来描绘广阔无际的世界。我们可以分析惯式，也就是某个象征物，但是隐喻自成一体，是独立项。如果我们试图描述隐喻，它便会立刻分崩离析。

吉伯特：你难道没有尝试过用熟悉的事物，或者在更大范围内——通过电影——重新创造出俄罗斯的世界？

塔可夫斯基：也许这些就是我创造出来的，有人也这样说过，但是周围这些引发我思乡之情的东西是无意识的安排。这算不上好事。人类应该不依赖任何东西而活着。托尔斯泰曾说，一个人如果想要快乐，就不要憧憬不可能的事情。这个道理很简单，问题在于如何区别什么是可能之事，什么是不可能的。

吉伯特：你上方这张小狗的照片有什么意义？

塔可夫斯基：它是一只俄罗斯品种的狗，是我的家庭成员之一。它现在还在俄罗斯，跟我儿子和我岳母在一起。

吉伯特：这么说，这种失落或者怀旧之感是不是与你的亲友、你的乡魂联系得更为紧密？

塔可夫斯基：我想起一个单纯的人说："无法忍受孤独的人就要面对死亡。"这是缺乏精神性的标志。这并不是说我面对孤独时毫无惧色，也不是认为自己的精神境界更高。

吉伯特：这些照片要表达的核心是什么——是爱吗？

塔可夫斯基：当然是。不过我不确定这算不算好事。我更觉得这是个错误，是一种会削弱我的感觉。但是或许我的长处正是我的弱点？我们对于灵魂知之甚少，就像迷途之犬。当我们谈到政治、艺术、体育、心爱的女人，我们游刃有余。但是一涉及精神性的话题，我们便会手足无措，不再文质彬彬，我们在这个领域里毫无储备。我们不再是文明人。我们好像成了不会刷牙的人。再回到《乡愁》这部电影，我们可以说它是对精神性的怀念。比如说受害者的概念，我们不再把这个概念和自己联系起来，它指的都是别人。我们全然忘记了成为受害者意味着什么。正因如此，我才选择从受害者的角度呈现电影主题，注重的是故事情节而非主人公。

吉伯特：你所说的灵魂，是不是人们终其一生要默默雕刻而成的作品？

塔可夫斯基：人们不是要去建造它，而是要去释放它，灵魂本来就存在。

吉伯特:最后一个问题:你想成为哪种动物?

塔可夫斯基:很难想象成为某种动物,不过想降低精神层级还是挺有必要的,这样灵魂就能放松了。我想成为最不依赖人类的动物。这种生物的存在想想就奇特。我不在乎浪漫主义,所以我不会说想成为一只鹰或者是老虎。或许我想变成最无害的动物。我的狗小黑很通人性,能听懂人话,能真正感受到人的感情。恐怕它也因此而痛苦。我离开俄罗斯的时候,它站着一动不动,甚至一眼都不瞧我。

"Nostalgia's Black Tone" by Hervé Guibert from *Le Monde*, 12 May 1983, 13. Translated from French into English by John Gianvito.

游走在两个世界之间

J. 霍伯曼和吉迪恩・巴赫曼/1983 年

谁是安德烈・塔可夫斯基？这是一位导演,他和黑泽明一样极力渲染画面感;和米开朗基罗・安东尼奥尼一样阴沉压抑;和罗伯特・布列松一样固执倔强;又似约翰・福特一般沉浸在他的民族神话中。在美国人(不仅限于此)眼中,这位五十一岁的导演显然是苏联目前最伟大的电影人,而他的电影,却像是遍布矛盾符号的神秘王国,让人困惑不解。

在作品产出上,塔可夫斯基和布列松非常相似(二十一年间共创作出六部长片)。"我赞同果戈理的观点:艺术不应该说教,它应……展现生活本身的样子。"塔可夫斯基对采访者这样说道。艺术"呈现个人经历,供同时代人评判"。塔可夫斯基的父亲是一位著名诗人,塔可夫斯基曾学习阿拉伯语和音乐,尝试过绘画,赴西伯利亚从事过勘探工作,随后于1956年进入莫斯科电影学院,师从资深导演米哈伊尔·罗姆。

作为塔可夫斯基颇具先见之明的毕业作品,《压路机和小提琴》创作于1960年,在当时引起了不小的关注,这部电影的合作者安德烈·康查洛夫斯基就是后来《西伯利亚之歌》的导演。塔可夫斯基的第一部长片《伊万的童年》取得了世界范围内的成功,1962年获得了威尼斯电影节最佳影片奖。次年,电影以文化交流的形式在美国上映,名为《我的名字叫伊万》。这部融合了梦境、倒叙、新闻短片和叙事情节的电影,生动描绘了"二战"期间残酷的战争片段,引发了一小波热潮(尽管有位著名影评家抱怨道,放映员一定把电影胶片弄乱了)。

《伊万的童年》创作于赫鲁晓夫解冻时期;而塔可夫斯基雄心勃勃的第二部作品《安德烈·卢布廖夫》(剧本由他与康查洛夫斯基共同创作)却因赫鲁晓夫下台后的政治动荡而搁浅。这部堪称苏联版《梵高传》(*Lust for*

Life)的史诗级作品，围绕俄罗斯最伟大的圣像画家的生平展开，其大部分内容都是杜撰的。故事发生在15世纪鞑靼入侵、进行大屠杀的背景下。这种肆意大胆的历史题材的电影，自爱森斯坦的《伊凡雷帝》之后，还是头一回在苏联的影院出现。它极度血腥暴力，毫无章法，又极抓人眼球，同时充满错综复杂的政治因素。《安德烈·卢布廖夫》仅在莫斯科上映一场后（据说当时莫斯科电影摄影中心被警察层层包围），就被搁置了。

塔可夫斯基拒绝猜测《安德烈·卢布廖夫》遭到禁止的原因，但他一直说自己拒绝按照主管部门的要求对多处电影内容进行修改。《安德烈·卢布廖夫》原本计划参加1968年戛纳电影节，但在最后一刻被俄罗斯人阻止了。次年，电影虽然没有参加戛纳电影节角逐，却于开幕前在巴黎上映——这是赤裸裸的违规行为。苏联文化部门最终让步，该片1971年在国内发行。两年后，电影亮相纽约电影节，发行公司哥伦比亚影业删减了二十分钟的影片内容。多数纽约影评人谢绝解读该电影，称电影明显经过删节。

塔可夫斯基的第三部长片《索拉里斯》改编自波兰科

幻小说畅销作家斯塔尼斯瓦夫·莱姆的著名作品,这部电影也是争议之作。莱姆因为对剧本不满意,一度要挟收回改编许可并终止电影创作。塔可夫斯基认为这是自己问题最多的电影,不过《索拉里斯》还是在1972年斩获戛纳电影节评审团特别奖,并被称为苏联版的《2001太空漫游》。

《索拉里斯》延续了莱姆奇妙的设定(一个全是海洋的星球,并且海洋拥有超强的感知力),但摒弃了其具有鲜明嘲讽意味的玄学。在莱姆错综复杂的作品架构中,我们能感受到另一部电影正在艰难孕育中。这部作品可能就是《镜子》(该片与其说让人联想起斯坦利·库布里克,不如说与斯坦·布拉哈格的作品异曲同工),1974年在苏联上映,近十年后才登陆美国影院。

几年前,《美国电影》杂志当时的编辑问我,如果布拉哈格得到像鲍勃·福斯《爵士春秋》(*All That Jazz*)那样的资金支持,会交出怎样的作品。如果我看过《镜子》,就会发现端倪:这部关于塔可夫斯基前半生的自传运用了双重时间架构,其中掺杂了梦境、声音片段、童年记忆和婚姻场景,与布拉哈格的《真诚》(*Sincerity*)一样采用了跳跃的手法,这也是一部歌颂家庭的矛盾之作,几乎是同一时期在科罗拉多拍摄的。《镜子》在苏联的发行量非常有限,却引起了文化部门及塔可夫斯基同行的广泛议论。对于这些评论,迈克尔·邓普西于1981年在《电影季刊》上如此评价道:"他们看起来就像好莱坞没见过世面的电影大亨,绞尽脑汁地想弄明白为何这个艺术疯子——信不信由你——竟然不爱钱。"

即使塔可夫斯基在莫斯科受到的尊敬是小心翼翼的,即使暗流涌动的不满会让他轻易陷入凶险之地,他也依然能够从头再来,在下一部电影《潜行者》据说因试映事故损坏了原始胶片的情况下,重新拍摄了几乎所有镜头。1979年影片上映,塔可夫斯基大胆地将斯特鲁加茨基兄弟的科幻小说《路边野餐》改编为一部讽刺史诗,讲述了一位苦大仇深的莽汉,穿着破旧的劳改服,剃着光头,带领两名俄罗斯知识分子,前往神秘力量的源头探险的故事,他们的目的地是一片被污染的、如同置身末日下的工业荒地。

塔可夫斯基的电影不能简单归为某种流派,同样,其政治意义也无法简单地用冷战来解读。他和布拉哈格、汉斯-于尔根·西贝尔伯格一样,似乎有多前卫就有多保守。实际上,这三位都是个人特征鲜明的导演,组成了罪恶的战后三巨头。三人都是先知,在他们看来,自己的艺术——以及所有艺术,几乎都是宗教的感召。三人都有唯我论倾向,父母、伴侣、子女在他们的电影里都被赋予了魔力。三人都是天生的超现实主义者,似乎都对正统超现实主义激进的社会活动一无所知。三人都格外看重童真(最让人震惊的是,西贝尔伯格在纳粹德国的统治下度过了童年),三人也都来自争强好胜的小地方。塔可夫斯基骨子里就是俄罗斯人,西贝尔伯格是典型的德国人,而布拉哈格是彻头彻尾的美国人。"日本书里描绘的树林跟西西里岛或西伯利亚的树林没有任何相似之处,"塔可夫斯基曾说过,"我眼中的树林和作者或他的同胞见到的完全不一样。"

他的新电影《乡愁》讲述了一段沉郁的意大利之旅。这是他第一次在苏联以外的国家拍摄电影。这部电影也是继《镜子》后最具塔可夫斯基个人特色的电影。该片上个月在纽约电影节上首次于美国亮相。在托斯卡纳一片片废墟的重重迷雾间,这位导演遭遇了自己的俄罗斯情慄。按照塔可夫斯基的说法,《乡愁》实际上是一部心理电影。他告诉一位意大利记者,这部电影"展现了苏联知识分子在异国土地上的心理状态和感受,也就是我此刻的心理感受"。

有人把塔可夫斯基的宗教性格、热切的民族主义和强烈的渴望与流亡作家亚历山大·索尔仁尼琴相比。尽管塔可夫斯基的电影深深打上了其个人经历的烙印,他仍把它们归为社会主义的产物(至少是在政府支持下的)。塔可夫斯基告诉《综艺》(Variety)杂志,《镜子》和《潜行者》"绝对不可能在苏联以外的国家诞生——不可能在意大利或很多西方国家出现,这些地方拍电影的核心目标就是投资获利"。

以下是安德烈·塔可夫斯基二十多年来在采访中发表的言论,自由媒体人和纪录片导演吉迪恩·巴赫曼对其进行了缩减。

——J. 霍伯曼

我曾多次去过意大利,大概三年前,我决定和朋友——意大利诗人、作家、剧作家托尼诺·格拉创作一部

电影,名字就叫《乡愁》,来讲述我多次到访意大利的各种
见闻。

由奥列格·扬科夫斯基饰演的主人公戈尔恰科夫是
一位俄罗斯知识分子,来意大利出差。电影名《乡愁》只
翻译出了一小部分意义,表示对远方的渴望,对无法联合
起来的世界的渴盼,还有对心灵家园的渴求。电影的"情
节"——故事的内容——在筹备阶段,在我与格拉一起创
作剧本期间,甚至在拍摄阶段都一改再改。我想要表达
的是,在一个分崩离析的世界中生存是不可能的。

戈尔恰科夫是一名历史学教授,是举世闻名的意大
利建筑史专家。这是他第一次亲眼看到、亲手触摸这些
之前只能从复制品或照片中了解并教授给学生的历史遗
迹和建筑物。来到意大利后,他很快就明白了,如果与艺
术作品不是同源文化所生,那么就不可能传播、翻译甚至
仅仅理解某个作品。

从更广泛的意义上来说,这部电影想要表达,文化是
不可输入或输出的。我们苏联人假装了解但丁和彼特拉
克,但这并非事实。意大利人假装了解普希金,这也是站
不住脚的。如果缺乏一些非常基础的铺垫,我们便无法

深入感知其他群体的文化。

我认为我的工作不是为了吸引公众关注，引起他们的兴趣。也就是说，我并不看重公众智慧。毕竟，我觉得公众不是傻子。但是我常常思考这样一个事实，那就是如果我承诺拍出来的只是艺术品，恐怕没有制片人愿意花十五戈比来看。因此每一部电影我都倾尽心血，全力以赴，因为如果不这样，我可能再也不会有拍摄下一部的机会。

无论如何，我始终觉得电影无须获得所有人的理解。如果说电影是一种艺术形式——我觉得大家都认同电影可以是一门艺术——我们一定不能忘记，伟大的作品不是消费品，而是时代思想的精髓，不管是从创造性还是从文化缘起的角度来说。

很遗憾，在大多数情况下，我们不能说看电影并非仅仅为了娱乐。我爱杜辅仁科、埃曼诺·奥尔米和布列松的作品，因为其中的简单和禁欲让我着迷。我认为这些应该是艺术追求的特质。也是信念。实际上，新的想法想要进入观众的意识，唯一的途径就是想法开创者对观众完全信任。两者之间必须建立起平等的对话关系。除此之外别无他法。在现代电影中，许多内容的作用仅仅是向观众解释电影情节的背景。电影不需要解释，而应该直接去影响观众的情感。正是这种被唤醒的情感推动着思绪前进。

我正在探索蒙太奇原理，借此展现主观的逻辑（subjective logic）——思想、梦境、记忆——而不是被拍对象的逻辑（logic of the subject）。我希望找到一种形式，它源自人类的处境和心理状况，也就是说，来源于影响人类行为的因素。这是再现心理真实的首要前提。因此，在我的电影中，故事永远不是最重要的，作品的真正意义从来不是通过情节传达的。我试图在不受阻碍的情况下，表达最关键的内容，去展现逻辑上并不必然相关的事物，用思维的流动把它们从内部串联起来。

只有一种旅程是可以实现的，那就是通往我们的内心之旅。在地球表面奔跑，我们学不到太多东西。我也不相信人们出行只是为了回来。人永远不可能回到离开前的那一刻，因为这个人本身，在这段时间内，也发生了变化。当然，你也不能挣脱自身：你是什么样子的，你身上承载了什么。我们背负着灵魂，就像乌龟驮着自己的壳。在世界各个国家之间穿梭只是象征意义上的旅程。不管到达何地，你始终在寻找自己的灵魂。

我认为人类存在的唯一意义就是努力从精神上战胜自己，成为与自己出生时不一样的人，不断成长。漫漫人生，从襁褓到坟墓，倘若能实现此目标，纵使艰难，或者只有微小进步，我们也不枉此生。

我比较偏爱东方哲学，在东方哲学中，存在的意义在于沉思，在于天人合一。而西方过于理性，存在的意义似乎集中在实用原则上：有点像万物达到完美平衡，以实现个体长存的目的。

我觉得人们似乎不再相信自己。我说的不是"人类"——这根本不存在——而是指每个人本身。想到如今的人，我觉得他们都像是合唱团的歌唱家，随着歌曲的旋律张张嘴，却没有发出任何声音。反正其他人都在唱！他确信其他人的歌声已足够，自己只要假装跟着唱就可以了。他之所以这样做，是因为不再相信自己个人行为的重要性——这是一个没有信仰的人，他完全不相信可以通过自己的行为影响他所生活的社会。

我坚信"时间"不是客观概念，因为如果没有人，时间也不复存在。一些科学研究也证明了这一结论。我们并不生活在"现在"。现在非常短暂，它无限接近零，但又不是零，因此我们感知不了它。我们称之为"现在"的时刻转瞬间就变成了过去，而我们所称的未来又会变成现在，然后很快变成过去。唯一能接近现在的方式就是落入未来与现在之间的深渊。正因如此，"乡愁"并不是抱憾过去，而是感叹在逝去的时光中，没有施展我们的各种能力，履行我们的义务。

在这部电影中，乡愁是远离家乡、不能回归故土之人致命的伤痛。但是电影里的事情不是平铺直叙的。没有哪个角色有权直接代表作者发声，或者单刀直入地表达作者的观点，记住这一点很重要。比如说，不管我的电影主人公对女性持怎样的观点，这些都未必是我对于女性的看法。从我的角度来说，我当然不会四处奔走为女权运动唱赞歌，但我对女性中的杰出人物是崇敬的。毫无疑问，女性和男性一样都是人类的一员，但是她们在人类生活中发挥的作用和扮演的角色与男性是大不相同的。

如果忘记了这个事实，就不仅是犯错误，也是违背自然的表现。实际上，我们非常擅长做违背自然的事。我们在保护自己免受自然伤害，甚至征服自然的过程中，把过多的精力放在物质发展上，以至于对我们研发出来的技术几乎没有应对能力。我认为人从本质上看是精神存在，人生的意义在于精神性的精进。如果人类做不到，就会世风日下。

让我感到非常意外的是，《乡愁》表达出了我在面对精神和物质冲突时的心理状态。不仅如此，我突然，也是第一次发现电影竟具有表达作者精神境界的巨大潜力，我从来没有设想过电影能够有如此明晰的呈现。

之所以能达到这样的效果，是因为这次我在拍摄结束后，才开始统一剪辑。在俄罗斯，我从来没有采用过这种工作方式，一直都是边拍边剪，这样我可以为后面的一系列工作做好准备，删减掉拍得不好的地方，或者做一些调整；总而言之，在整个拍摄的过程中，前面拍过的镜头会一直萦绕在脑海中。而在拍《乡愁》的时候，情况变了，一开始我感觉很难。不过新的工作方式也产生了新的反应：我可以从全局把握电影素材，全片情感的强烈程度也能保持一致。

我发现实际上，这也是多年来我一直关注的问题。

让我觉得很突然又意外的是，尽管电影各不相同，其创作的原因却很统一——探讨人类徘徊于精神理想与在物质世界存在的必要性之间时，因找不到准确的自我定位而产生的内心斗争。我认为这种斗争是根本的，因为当代社会出现的所有问题都源于此。不妨把它称作"托尔斯泰情结"。它是永无休止的，这也是我正在筹备拍摄的当代版《哈姆雷特》的根基。

自艺术存在以来，人类一直努力通过艺术影响世界。但是总的来说，艺术往往不能产生太大的社会和政治效用。我认为现在环顾四周，回望过去，艺术并没有真正影响社会发展。它影响的只是思想的发展。艺术会对我们的智力和精神产生作用。不过要说改变世界，还有比艺术更强大的社会力量。毕竟所有的人类行为本质上都以改变世界为目的。

实际上，事物的面貌是不断变化的。不过我想问：如果几个世纪以来，人类一直在通过自己的努力改变世界的面貌，为何世界会走向如此可怕的局面？也许我们还没有做好准备？

在我看来，在改变世界之前，人需要先改变自己。他需要改变自己的精神状态、自己的内心世界，变得更加安静、和谐，与自己的其他行动步调一致。我们最大的罪行可能就是试图改变他人，想着说教，尝试"通过艺术改变世界"，而不愿改变自己。艺术的社会功能只可能是第二步。

无论如何，我赞同果戈理的观点：艺术不应该说教，它应从更深远的意义上展现生活本身的样子——呈现个人经历，供同时代人评判。如果想要有权利走得更远——比如像先知一般，让艺术变得"有用"——首先必须在精神上充分觉醒。但我们可能永远都得不到这样的权利，因为永远不能充分觉醒。我一直在说，作为艺术家，我们能做的就是吸引人们关注存在的种种问题。如果一切顺利，没有艺术家，人类也可以活得很好。

"Between Two Worlds" by J. Hoberman and Gideon Bachmann from *American Film*, November 1983, 14, 75 - 79.

电视时代的塔氏电影

韦利亚·亚科维诺/1983 年

与他人通过文字建立联系并不总是可行的。有时候，我们可以建立直接联系，无关语言，而是通过情绪且完全不合逻辑的方式，一个眼神，一个微笑，轻轻的一个手势，就能达到沟通的目的。我受《大众传媒》之托，在罗马采访了安德烈·塔可夫斯基，与这位算得上是当今最重要的俄罗斯导演交流，就属于这种情况。那是一段美妙又难忘的时光。他瘦小精干，环顾四周，略有些鞑靼特征的脸绷着，神情凝重。他让我把杂志拿给他看看。他前后翻了翻《大众传媒》，又停下来读了一两个标题。接着他放松下来，微微一笑，充满亚洲特征的眼睛终于不再流露出不安的神情。短暂的沉默后,他用有些滑稽的意大利语说道:"我准备好了。"在一位译员朋友的帮助下,他开始回答我的问题。

韦利亚·亚科维诺(以下简称亚科维诺):塔可夫斯基先生,你是否认为电影正在经历一个艰难的时期,其困难程度不亚于从默片到有声片的过渡?

安德烈·塔可夫斯基(以下简称塔可夫斯基):没错。我想说,现在电影所经历的时期远比有声片问世时更加艰难和关键。我也不能确定现在要怎么做。这个局面不是新技术的运用造成的,准确地说是经济压力和刺激带来的后果。事实就是,电影现在掌控在制片巨头手里。美国的制片人。他们最关心的就是怎么把电影录像带投放进市场。面对大多数观众日益提升的判断力,以及随之而来的高要求,他们的目标不是努力满足大部分观众的口味,而是创造更丰厚的利润。我们正在谈论的是个大买卖,情况就是这样。这是一个即使以艺术品质的名义,也很难终止或减缓的机制。

亚科维诺：你觉得电影有民族语言吗？或者说，瑞士导演、加拿大导演、苏联导演会不会运用相同的电影语言和技巧？

塔可夫斯基：如果说电影算作一门艺术，那它自然就有民族语言。艺术是不可能千国一律的。简而言之，俄罗斯电影就是俄罗斯的，意大利电影就是意大利的。

亚科维诺：1976年，你把《哈姆雷特》搬上了舞台，获得了巨大的成功。执导舞台剧和执导电影差别很大吗？

塔可夫斯基：戏剧和电影是两种不同的艺术形式、两种不同的行业。比如说，要想呈现一场舞台表演，你需要一个可供使用的剧院，这样才能在剧院里排练剧团和演员。但是要想有这么一个地方可能并不简单。除了表演的地点不同外，戏剧和电影还有其他差异，你在戏剧中可以做一些事情，在电影里就不可以，反之亦然。不过我认为，所有的艺术形式，即使各不相同，归根结底是等同的。它们的价值和分量并无差别，对于现实的影响也是相同的。

亚科维诺：电影是没落的戏剧，你同意这种说法吗？

塔可夫斯基：我不这样认为。就像我刚才说的，它们是两种东西，截然不同的事物。

亚科维诺：拍电视上的电影与拍大银幕电影相比，有什么不一样？

塔可夫斯基：在拍摄过程中，你必须始终保持清醒，知道自己是在拍大银幕电影还是拍电视上的电影。因为沉浸在昏暗、吵闹的礼堂里，与独自一人在家，拿着遥控器，被无数可能会让人分心的事物包围，这两种情况下，观众的认知模式大不相同。此外，人们需要下定决心才会走进电影院。而在电视上看电影就不一定是这样了。电视上的画面常常让你不胜其烦，但这些画面会进入潜意识，甚至改变人们的品位。

亚科维诺：你不觉得看了太多电影以后——许多电视观众也会出现这种情况——会陷入危险的异想天开中吗？

塔可夫斯基：电视肯定会对观众的心理产生强烈影

响,我也坚信它会改变人的品位。不过,我不认为电视对人们的诱惑和改变会大到让他们与现实脱节的程度。

亚科维诺:电视是如何改变公众品位的?

塔可夫斯基:一旦公众看电视成了常态,他们走进电影院的心情就不一样了。他们去看电影不再是为了放松或者娱乐。观众想看到值得一看、别出心裁的东西。

亚科维诺:电视业带走了电影业的什么? 又给电影业带来了什么?

塔可夫斯基:电视业没有带走电影业的任何东西。相反,我认为电视对电影的影响比电影对电视的影响大得多,因为电视的发展促使电影追求更高的品质。另外,电视是我们离不开的获取信息的渠道。它已经成了生活中不可或缺的一部分,即使电视上播报了大量肤浅的只会混淆视听的新闻。

亚科维诺:你曾说电影是对公众的意识形态教育。你现在还这么认为吗?

塔可夫斯基：当然，我的看法没有变。不过我想再补充一下：所有艺术形式，不仅仅是电影，都应该以实现人类发展为目标。

亚科维诺：你的电影被称为"诗意电影"，你同意这种说法吗？

塔可夫斯基：批评家说我是诗人。每一种艺术形式都可以是充满诗意的。所有最伟大的音乐家、作家和画家都是伟大的诗人。

亚科维诺：你觉得诗歌是为了美而表达美吗？或者说诗歌是对抗和改变现实的工具？

塔可夫斯基：诗歌不会改变现实，它创造现实。

亚科维诺：塔可夫斯基先生，你认为如果没有强权，艺术的生存环境会更好吗？或者说没有艺术，强权会推行得更顺利吗？

塔可夫斯基：艺术不是强权的产物。艺术是艺术家的作品。

亚科维诺：对你来说，电影独特的魅力在何处？

塔可夫斯基：电影与其他艺术形式不同，它可以触摸时间的流逝，呈现时光的流转，让时间静止，近乎永恒。我曾说过，电影是在雕刻时光。

亚科维诺：费里尼说，电影是"延续梦境、窥视自我内心的一面镜子、一扇窗户和一种方式"。电影对于你来说是什么？代表什么？

塔可夫斯基：我不同意费里尼的说法。电影不是延续梦境的方式。电影也不是我们尝试如实反映现实，或者将其歪曲成怪诞画面的艺术。对于我来说，电影只是创造新世界的独特方式，我们把这个让人心驰神往的世界展现给其他人，让他们探寻其中的种种奥秘。

亚科维诺：我们可以说"这部电影由塔可夫斯基创作"吗？还是必须加上演员、编剧、摄影师和其他工作人员？

塔可夫斯基：电影的创作者当然不止导演和演员。

电影不是百分之百属于导演的。它也不属于演员。电影属于付出心血参加制作的所有人员。

亚科维诺：你能不能告诉我，为什么《安德烈·卢布廖夫》在苏联的发行时间推迟了这么久？

塔可夫斯基：我不知道为什么。我不在意这些。我只知道，一开始他们准备在戛纳电影节上放映这部片子，但是突然改变了主意。电影被扣下来了。显然发生了一些事情，但我真的说不清楚。

亚科维诺：你觉得在苏联拍电影和在西方拍电影有什么不同？

塔可夫斯基：曾经有人拿这个吓唬过我。他们告诉我，在西方世界拍电影非常艰难。不过，我觉得和之前比没有太大的差别。实际上，我认为跟他们的说法恰恰相反。当然，在这里拍电影，你立刻就要思考资金的问题，于是每天你都像在和自己赛跑一样。这种情况在苏联是不会发生的。

亚科维诺:安德烈·卢布廖夫象征着为世人开眼界的艺术家,而世人是一群听不见或者不能说话的人,在电影里被塑造成聋哑人的形象。这样的安排合理吗?

塔可夫斯基:在这部电影里,艺术家就是大众的发言人。他把大众经常模模糊糊地感觉到,但又无法总结或表达的想法说了出来。

亚科维诺:在你的电影中,摄影镜头常常停留在水、火、雪和马这些东西上,为什么? 这些东西也许有象征意义?

塔可夫斯基:它们不是象征,而是对我们所处的大自然的表现。

亚科维诺:在《安德烈·卢布廖夫》结尾,水从画像上流下有什么含义?

塔可夫斯基:这个我很难解释。这里我使用了水元素,因为这是一种富有生机的物质,它是流动的,会不断变换形态。水元素非常适合在电影中呈现。通过水元素,我想表现时光的流逝、时间的运动。

亚科维诺：有人说《索拉里斯》的意大利语译制片经历了大换血。

塔可夫斯基：意大利版确实被毁了。蒙太奇变了。这是达契娅·马莱伊尼的"杰作"。我不知道帕索里尼的贡献在哪里。但毫无疑问，这种行为很野蛮。他们甚至在电影里说起了方言。太可怕了，简直是灾难。

亚科维诺：在你的职业生涯中，《乡愁》这部电影处于什么位置？

塔可夫斯基：这是一部对我来说非常重要的电影。它让我有机会完完全全地表达自己，也让我相信电影是种伟大的艺术形式，它甚至能再现灵魂的不可捉摸之处。

亚科维诺：最近你说，人类最伟大之处就是生而缄默和孤独。而电影的情况恰恰相反。这是不是意味着电影就难成大器了呢？

塔可夫斯基：电影也是生而缄默和孤独的。作者第一次构思电影的时候，它就开始成形了。

亚科维诺：你喜欢的意大利导演都有谁？

塔可夫斯基：安东尼奥尼、费里尼、奥尔米，还有塔维亚尼兄弟等。他们都是朝气蓬勃的。还有贝洛基奥……

亚科维诺：你觉得今年戛纳电影节的氛围如何？

塔可夫斯基：今年电影节上发生了一些不快的事情。我只是创作了一部关于乡愁、关于忧郁的电影。评审团中同样来自苏联的邦达尔丘克不认可我的电影，这让我如鲠在喉。每个人都很喜欢这部电影，除了他。我很生气，也很吃惊——苏联政府竟然允许对这样一部爱国主义电影发表这样的看法。

亚科维诺：你最喜欢你的哪一部电影？

塔可夫斯基：我喜欢我拍的所有电影。这个问题我不知道怎么回答，也许《乡愁》让我感到最亲切，就是上一部电影。我在电影中找到了自我。

亚科维诺：人们借助电影最能表达什么样的感情？

塔可夫斯基：你可以通过电影表达所有感情。电影是一种艺术形式，和其他艺术一样。电影表达的感情取决于导演的意图。

亚科维诺：现在拍黑白电影还有意义吗？

塔可夫斯基：肯定有意义。黑白电影能更好地呈现现实的本质，表达深层含义。彩色电影就做不到。我觉得彩色电影太普通、太俗气了。

亚科维诺：你的下一步创作计划是什么？能不能向我们透露一下？

塔可夫斯基：多纳泰拉·巴格里沃最近拍摄了一部关于我的导演工作的电视专题片。严格来说这不算电影，更像是在讲述《乡愁》的制作历程。很有趣，很新颖。我的计划是把鲍里斯·戈都诺夫的故事搬上伦敦考文特花园的舞台，再拍一部电影版《哈姆雷特》。不过现在，我正在等祖国给我发工作逗留许可，等着他们把我儿子和他的外婆送来。我应该在国外待三年。

"My Cinema in a Time of Television" by Velia Iaco-
vino from *MassMedia*, no. 5 (November-December 1983).
Translated from Italian into English by Ken Shulman.

象征主义的敌人

伊雷娜·布热日纳/1984 年

　　伊雷娜·布热日纳（以下简称布热日纳）：安德烈·塔可夫斯基先生，在苏联你是一位享有特权的艺术家……

　　安德烈·塔可夫斯基（以下简称塔可夫斯基）：我觉得这个说法有失偏颇。我在苏联没有特权。像邦达尔丘克这样的导演才享有特权，不是我。

　　布热日纳：但是你很有名，名气可能让你喜忧参半。

　　塔可夫斯基：名气、声望，我没发现，我也不感兴趣。我从来不会沉迷于追逐名气，名气对我来说没有意义。

布热日纳:名气难道不会让你减少工作中妥协的可能吗?

塔可夫斯基:当然。让艺术家知道自己的作品并非败笔非常重要。他们可以从中获得一定的满足感。事实上,苏联、英格兰、尤其是德国公众给予我的大量关注,让我确信了这一点。名气对于我来说没有特别的好处;它只能让我确信自己的创作道路是正确的。它让我安心,也给予我自信,但是从本质上讲,名气对我来说没有意义。

布热日纳:我觉得你好像不喜欢媒体的聚光灯。你总在努力减少和公众接触。比如说你很少接受采访。

塔可夫斯基:是的,我不是一个善于交际的人。世界上总有些想尽办法利用名气的人,也有和记者打得火热的人。但我一点也不喜欢这样。迄今为止,还没有哪位记者写的采访稿让我满意。这不是因为我求全责备,而是因为这些文章根本不关心采访中谈论了什么内容。如果我发现自己因为名气大而成为某人关注的焦点,我会感到焦虑,我会生气。

布热日纳:为什么生气?

塔可夫斯基:这个很难回答。我觉得坐在一起聊天的人应该有相同之处,这样谈话才不会成为某一方的自说自话。记者抛出问题后,并不关心被采访者的回答,而只在意自己的笔记。此番谈话不会对他产生触动,只对他的工作有意义。同样,和电影观众对话也让我很生气,因为他们感兴趣的是我这个人。总之,这些对话不够真诚,让我很愤怒。大家是在社交,但是没有真实的、共同的兴趣点;他们的交往都是拐弯抹角的。

布热日纳:你向往真诚的交流吗?

塔可夫斯基:每个人在一定程度上都希望进行真诚的交流。我们的行事做派很多都不真诚,尤其是在面对公众的时候,做的很多事情都是无足轻重、没有意义的。我觉得这些谈话没有任何意义,除非我自己一定要说些什么。而我是拍电影的,我试图通过作品表达一切。

布热日纳：你是想直接告诉我，我们的谈话是无源之水、无本之木吗？

塔可夫斯基：情况就是这样，我们也无能为力。无源之水、无本之木是什么意思？我们连源和本都没有。我们俩就是你想采访我，而我拼命想抵抗而已。

布热日纳：我确实感受到了。

塔可夫斯基：现在我们来看看怎么继续后面的采访吧。我记得歌德说过："要想得到聪明的答案，就要问出聪明的问题。"

布热日纳：塔可夫斯基先生，如果你觉得我们没有任何共同之处，那就错了。我来采访你，是因为你的电影让我觉得你很亲切。安排这次采访是因为我想借机和你聊一聊。

塔可夫斯基：那你需要证明给我看。

布热日纳：我希望我可以。我是因为你来的伦敦。采访稿是次要的、顺带的。

塔可夫斯基：我明白了，你想把所有事情连起来。

布热日纳：首先，和你见面是我的愿望。其次，我克服了各种阻碍才采访到你。

塔可夫斯基：很遗憾，你克服了所有阻碍。我之前希望你和其他记者一样，中途因为困难而放弃。但你还是来了。

布热日纳：我像攻克堡垒一样把你包围、占领了。现在我在这儿，但是不知道要怎么跟你交流。

塔可夫斯基：正常聊天就行。

布热日纳：那我说了。你的电影让我深受触动，你呈现的事物我好像非常熟悉，但是作为一名女性，我在电影里看不到自己。你电影中的女性扮演着非常传统的角色。这是一个男性主导的世界，或者更准确地说，这就是男性的世界。从男性视角看，女性是神秘的。她是爱意满满的，对男性爱意满满，她的全部存在都围绕着与男性的关系展开。女性没有自己的生活。

塔可夫斯基：我从来没有想过这个问题，我是说女性的内心世界。女性当然有自己的世界，这是很难否认的。但是我觉得，女性的世界是和她所参与的男性世界紧密相连的。从这一点上来看，茕茕孑立的女性形象是反常的。

布热日纳：那茕茕孑立的男性形象就是正常的吗？

塔可夫斯基：和并不茕茕孑立的男性比起来要正常些。正因为这样，在我的电影里，女性形象不是完全缺失，就是活在男性权力之下。女性只在我的两部电影中存在过，在《镜子》和《索拉里斯》里。两部电影中，很明显，女性都是依附于男性的。你不接受这种女性形象吗？

布热日纳：我怎么能接受呢？从我的角度来说，我在电影里都看不到自己。

塔可夫斯基：那你是觉得身边男性的世界应该依附于你的世界吗？

布热日纳：当然不是。我有我的世界，他有他的就行了。

塔可夫斯基：这不可能。如果你有你的世界，他有他的世界，那你们就没有共同之处了。内心世界必须是相通的。不然这段关系就没有未来，没有希望，不和谐，且注定要破裂。如果女性换了多位伴侣，我会觉得很怪异。重点不是她有多少男人，我关心的是她的原则是什么。这些婚姻经历于女性而言就像接二连三的疾病。这意味着她先是忍受某种疾病的煎熬，随后病痛接踵而至。不管以何种形式呈现，爱是不可重复的整体的感觉；从其总体性上看，爱是不可重复的。如果女性出现了这种感情的重复，那么这种爱对她来说是毫无意义的。这可能是因为她运气不佳，或者执着于守住自己的世界，她或许觉得自己的世界更加重要，害怕融入不同的世界。但是这样的女性不值得深入探讨。你能明白吗？

布热日纳：你从未遇到过有自己世界的女性吗？

塔可夫斯基：我无法理解这样的女性。

布热日纳：如果我没理解错的话，你绝对不会融入某位女性的世界，对吗？

　　塔可夫斯基：是的，不会。我不需要这样。我是一个男人。

　　布热日纳：但是你需要女性融入你的世界？

　　塔可夫斯基：当然。如果女性想坚守自我，那两人的关系就冷了。

　　布热日纳：但是在这段爱情中，你保留了自我。

　　塔可夫斯基：我是男人，我天性就不同。

　　布热日纳：你是不是认为自己了解女人的天性？

　　塔可夫斯基：对此我有自己的见解，和你一样。

　　布热日纳：但是我从内心认同自己是女性，因为我就是个女人。

　　塔可夫斯基：人对自己的判断是最不准确的。想要保护自己世界的女性让我感到惊奇。我觉得女性的意义、女性之爱的意义就是自我牺牲。这是女性的伟大之处。我会向这样的女性鞠躬致敬。我知道有这样的女性。

布热日纳:这样的例子世界上绝不少见。

塔可夫斯基:是的,她们都是伟大的女性。我还不知道有哪个女性坚守自己的世界以彰显自己的伟大。你能说出来哪一个吗?

布热日纳:我说不出来。难道说女性只有权利活在她对于男性的爱之中吗?

塔可夫斯基:我这样说过吗?我们讨论的只是两性关系。无论我说什么,都会受到抨击。

布热日纳:你已经说得足够多了,你应该知道。

塔可夫斯基:我只是说,一个人——不论男女——陷入爱情时,是不可能固守自己的世界的,因为自己的世界会和另一个人的世界相融,变成完全不同的面貌。如果有人把女性从这段关系中释放出来,他就毁掉了这段关系。女性不可能站起来甩掉一切,五分钟之后就开始新的生活。女性的内心世界依托于她对男性的感情。我认为，她必须完全依附于此。女性是爱的象征。爱是人类最丰厚的财产，既是物质意义上的，也是精神意义上的。女性赋予生活以意义。处女之身的圣母玛利亚诞下耶稣，成为爱的象征，这并非偶然。当我和女性谈到这个话题时，她们总会提到尊严，好像有人要把她们的尊严抢走。在我看来，这些女性没有明白，只有在两性关系中对男性全身心投入，才能找到自己的尊严。当女性真正坠入爱河，她就不能保持清醒，也不可能问出你这些问题。她根本不会知道你在说些什么。

布热日纳：我想知道你为什么要求其他人，特别是女性，付出全部的爱？你自己为什么不能全身心投入爱情，让女性去做她必须做的事情呢？

塔可夫斯基：当然这也是有可能的。我不会要求任何人做出某种行为。我想说的只是，女性想要毫无保留地表达精神自我，就不该在这种情况下固守自己的世界。否则就会导致："你守着你的世界，我守着我的……最后再见。"

布热日纳：你不相信两个平等的个体可以给予彼此更多的东西吗？当女性不再以独立人格存在，而只能依附于你，你在期待什么？你想从中获得什么？

塔可夫斯基：我可以理解她的内心世界，我也把自己的世界向她敞开。如果女性始终坚持自己的世界，那我们就永远不可能相知。

布热日纳：从逻辑上来看，如果女性的世界融入你的世界，你就不可能理解她的世界了。她不再拥有自己的世界。只有你的世界变广阔了。

塔可夫斯基：你为什么会这么觉得？为什么不能反过来呢？我对相反的情况非常感兴趣。如果你认为存在这种情况，为什么要否认另一种情况呢？

布热日纳：我觉得我可以在爱别人的同时，保有自己的世界。我也必须拥有自己的世界，这是绝对不可缺失的。我发现你所说的女性为男性全身心付出，对于女性来说是非常危险的行为。如果女性选择依存于男性，她到头来可能一无所获。从古到今，这样的例子太多了。我太清楚了。我自己有时候也差点陷入这样的爱之中。

塔可夫斯基：谢天谢地，你应该感到骄傲。而且我不是要求女性"投入"。很遗憾，我自己也很少体会到爱的感觉。爱非常少见，如果爱产生了，我们应该羡慕这个人，不管是男性还是女性。我谈起这个话题，并不代表我要求任何人付出。这是强求不来的。权势逼不出爱。因此我的观点不会伤害任何人。

布热日纳：爱只存在有和无两种状态吗？

塔可夫斯基：是的。如果没有爱，什么都不会发生，然后人类慢慢走向死亡。这只是我的观点。当然，在有些关系中，每个人都越来越独立，这也意味着彼此越来越冷漠，越来越自我。或许这样活着更轻松。这样的关系自然更稳妥、更自在。渐渐地就发展到了女权主义。对我来说，女权主义的意义不仅限于捍卫女性的权利。现在女性的社会地位已经不像过去那样恶劣，再过几年就能达到平衡。而女性谈到这个话题，一直坚持强调自己与男性的共同点，不能领悟自己作为女性的独特之处，这很奇怪,太奇怪了。这样的事情总让我震惊不已,因为从根本上说,女性的内心世界和男性是截然不同的。我认为,由于女性的独特性,她不可能独立于男性而存在。如果可以,她也是不符合天性、有违自然发展的。当然,她可以在社会中占据一席之地,她可以从事男性的工作,但是这样她就成为女性了吗?不,绝不是。有些女性认为,女性从事男性的工作,男女就平等了。然而,女性本就无须要求获得与男性相同的权利。女性完全不同于男性。她独具特色,拥有男性缺乏的重要且必需的特质。女性追求权利平等。我知道她们是什么意思:她们不想再做自我牺牲了。她们发现自己总是受压迫,认为获得平等权利就可以得到解放。她们不明白,每个人,无论男女,只要真心追求自由,就是自由的。我们都是自由的个体,不是因为我们或许生活在自由的国家。这不是重要原因。古罗马时期的石匠可能骨子里也是自由之人……人根本上都是自由的。如果他不自由,那就是他自己的错,只可能是他自己的错。当然,想获得自由并不容易。现在我们终于谈到了问题的本质。每当有人因无法生存而责备他人,我总是很愤怒。如果有人告诉我他不自由,我也会火冒三丈。如果你想要自由，那就去追求自由。谁妨碍你了？如果你想要快乐，而你不快乐，那就去寻找快乐。我们对他人屈尊俯就，笑脸相迎，白费力气，对自己却不是这样。当有人猛烈抨击某件事，我就知道他应该先反省自己。我不否认，女性在很大程度上被排除在世界大事之外。毫无疑问，这有失公平。但我还不知道，如果女性完全融入公共生活，她会面临什么。我想强调的是，我不反对女性融入社会，对此我是支持的，但我觉得她无法在那里发现自我。她不会满意的。

布热日纳：我同意你的说法。只要男性价值观还占主导地位，女性在整个职业生涯中就都要与之斗争，在世间艰难立足。

塔可夫斯基：你错了。在我看来，野心勃勃的女性才是最让人不舒服的。并不是因为我害怕自己的男性权利受到挑战，而是因为我觉得这是不合天性的。她选择了一条本该忽略的道路。她之所以这样做，仅仅是因为产生了要与男性一决高下的错觉。为什么会这样呢？她是想变得像男人一样吗？她是不是想证明自己的能力可与男人匹敌？我不否认女性可以承担男性的工作。英格兰就有一位女性一路披荆斩棘，在政坛大展宏图，成了最强硬的政治家之一。作为政治家，她的行为举止无可非议。她和许多人冲突不断，但这对于政治家来说是优秀的标志。取悦众人的政治家不是好政治家。政治家重任在身，必然会做出饱受非议的事。我们可能因为马岛战争而厌恶这个女人，但她对于美国入侵格林纳达的态度合情合理。女性有能力从事男性的工作，这并不让人惊奇。女性当然可以做。但是这什么都证明不了。

布热日纳：我们可以理解玛格丽特·撒切尔。在男人的领域里，女性不得不运用男性的价值观，这一点也不奇怪。她没办法采取其他方式，她别无选择。你的说法中存在所谓女性的真实天性这一前提，让我很困惑。因为女性已经在男性主导的世界中生活了数百年，女性的天性是什么，女性用女性价值观会创造出怎样的世界，我们很难弄清楚。

塔可夫斯基：不好意思，你叫什么来着？

布热日纳:伊雷娜。

塔可夫斯基:听着,伊雷娜,你刚才所说的已经说明你对自己的女性天性不满。

布热日纳:不是的,你误会我了。

塔可夫斯基:但是这种两性关系已经被创造出来了,而且始终存在,除此之外再无其他可能。因为不管你喜不喜欢,我们都生活在两种性别的世界。也许其他星球上有单性别或五个性别的世界,这样的组合才能确保生命延续。或许在那里,肉体上和精神上的爱需要有五种性别。但是在地球上,两种性别是必需的。出于一些原因,我们总会忘记这件事。我们谈论权利、环境、依赖,却从来不会提到一个事实,那就是,女人就是女人,男人就是男人。你一味拒绝可能是因为你不喜欢这个事实。

布热日纳:你总是把女性置于依赖男性的位置,却从来不觉得男性也会依赖女性。你还给女性加上了对男性的爱与自我牺牲这些特质。这些让我很难接受。你本人似乎非常渴望爱和做出牺牲的能力。但是出于一些我不知道的原因，你似乎不具备这样的能力。

塔可夫斯基：我不知道，可能是这样。我无法评判。我没法像你一样组织好语言。

布热日纳：对我来说，女权主义不意味着依赖另一个人，所以在你电影的女主人公身上，我看不到自己。所有女性都像是围绕男性星球运动的卫星，自己一点活动的自由都没有。

塔可夫斯基：那很奇怪。在莫斯科的时候，我收到了许多女性的来信，她们告诉我，在《镜子》中，我成功地打开并潜入了一个世界，展现了她们原本认为不足为外人所感受和理解的一番天地。可能你的个性与她们不同。你对自己的要求也不一样。显然，你不喜欢《镜子》中的母亲。《镜子》是关于我母亲的故事。它不是虚构的，它源于现实。电影里没有一个片段是捏造的。或许你的看法没错，你在其中找不到自己。

布热日纳：电影里人物活动的基本环境，以及你运用的手法——尤其是《潜行者》和《索拉里斯》——非常打动

我。这也是我今天来这里的原因。你在《索拉里斯》中对
爱的刻画宏大而微妙。但爱是哈莉唯一的力量,也是她
的阿喀琉斯之踵。除了爱,她一无所有。

塔可夫斯基:你不想要阿喀琉斯之踵。你希望自己
无坚不摧。

布热日纳:女性常常面临爱与自我的两难抉择。但
男性从始至终只有一种选择,那就是坚持自我。

塔可夫斯基:女性永远不可能用男性的方式战胜
男性。

布热日纳:在畸形的社会中,比如像我们这样男性主
导的世界,才会出现只有一种性别拥有自我的情况。

塔可夫斯基:如果女性不能付出全部爱,两性关系就
会大有不同。

布热日纳:是的,会不一样;就应该不一样。不妨花
点时间想象一下这样的女性:千百年来,她的生活一直受
制于人,从来没有为自己活过,总是任人摆布。你能感受

到她承受的重担吗？

塔可夫斯基：你觉得男性活得更轻松吗？

布热日纳：我完全不这样认为。现在的情况是，两者都很艰难。

塔可夫斯基：做男人和做女人一样难。不过痛苦的根源不同。我们生活在一个人人精神境界都很低的社会。而且我们都知道，今天闭上眼睛睡觉，明天可能就起不来了。如果哪个疯子按下按钮，三颗原子弹就足以摧毁地球上的所有生命。我们并非意识不到这些，而是渐渐忘却了。我们的精神追求为物质主义所奴役，以至于需要面对种种本不该出现的问题。社会问题愈演愈烈，这就是我们愚蠢地反对精神论的后果。一个精神世界丰裕的女性，在与男性的交往中，绝不会产生被奴役或者受辱的感觉。正如一个精神世界丰裕的男性，绝不会想到从女性身上索取什么。只有你，在激烈的争论下，迫使我给出了这样的答案。我们竟然在讨论这些问题，太奇怪了。我们在讨论这些问题，说明有东西已经不对劲了。这本来是件正常的事。但是女性已获得或者尚未获得的权利,并不会给予女性自我确认感,相反,只会让她觉得屈辱。"为什么,"她会问自己,"我和男性是不同的人,为什么我要像男人一样活着?"这些问题都是我们丧失精神性的标志。我曾遇到过一些闪闪发光的女性,她们的精神性闪闪发光。她们不会受到这些问题的困扰,反而展现出内在的富有、精神的丰盈和道德的力量,以至于所有男人都会为之倾倒,他们不会因此觉得羞耻,反而觉得荣幸。你看,这就是关键。如果我们逐步划清界限,那我们的关系已经变糟了。渴望划清界限,是由于我们的不满在作怪,不是为了追求公平。这是两个完全不同的概念。我发现现在女性的状况非常糟糕。真正懂得爱的女性不会问出这样的问题。她对这些问题不感兴趣。

布热日纳:真正懂得爱的女性不会把爱局限在某个男性身上,她的爱会拓展到整个世界。你谈到了核威胁,这就是男性主导的产物。

塔可夫斯基:居里夫人也参与了。

布热日纳:我们现在讨论的是主导世界的男性价值

观。在女性价值观拥有强大影响力的社会,可能就不会有这样毁灭性的结局。想象一下当今的女性,她知道世界末日要来了,明白被自己的爱温暖的男子可能会让地球毁灭,她不会觉得对此有责任,不会觉得自己是有关联的吗? 她还会全身心地爱这个男人吗?

塔可夫斯基:太震惊了。太震惊了。我明白你所说的。但是我很吃惊,伊雷娜,如果你认为男性不会被同样的感觉和担忧所困扰,那你就错了。如果你觉得男性是这个星球的上帝,那你就错了。

布热日纳:谁是上帝?

塔可夫斯基:他。

布热日纳:他在哪里?

塔可夫斯基:(指着上方。)你明白重点在哪儿吗? 我们讨论的是事件,不是原因。我们谈论的是关键中的关键。如果人活在这个世界上,不知道自己存在的原因,不知道他来到这个世界的原因,也不知道自己活了几十年是为了什么,世界一定就会变成我们现在的样子。自启蒙运动以来，人类已经涉足了本该忽略的领域。他开始关注物质世界。对于知识的渴求牢牢占据了人类的内心，特别是男性的内心。幸运的是，女性对于知识的渴望还不如男性那般强烈。

布热日纳：女性可能在其他方面的感知力更强。

塔可夫斯基：确实是这样。所以你意识到了。那么发生了什么呢？人类开始像盲人一样手舞足蹈。除了手之外，他已经没有可以感知世界的器官。我们对这个世界已有诸多探索与认知，以至于觉得已足够达到幸福和谐的境界。然而，恰恰相反。我们"对于世界的了解"越多，专家们就越清晰地发现，实际上我们比先人对于世界的了解还要少。我们处于困惑之中。如果你是盲人，摸到冷气，你会觉得周围的世界是冷的；如果打开暖气，你会觉得周围是暖的。这些都不重要。但是这些感觉的形成与真实世界没有一点关系，仅仅与触感有关。如果认为我们对于世界的感知取决于暖气的开和关，那就太可悲了。我们觉得自己对世界很了解。我们什么也不了解。目前我们了解的世界是很小的一部分，还是模模糊糊的概念，我们无法管中窥豹，因为世界是无穷无尽的。我认为，人类存在的动人之处不在于领悟；那是人的智力任务，不是最主要的任务。人类的问题在于，如何在生活的意义中生活。有意思的是，我们热衷于从实用的、有利的、有益的角度看待世界。我们不停地创造出假体。一切技术都以此为基础。因为厌倦了马背，我们发明了飞机。我们认为，生活会因为移动得更快而变得更丰富多彩。这是肉眼可见的简单错误。我们从原子裂变中获得新的能量。我们是怎么运用这种能量的呢？我们制造出了原子弹这种自杀性武器。我想说的是，这些发现没有得到恰当的运用。这是因为人类不知道自己为何而活着。科学家觉得自己活着的意义是发明创造。这是一种应对事实的实用主义态度。艺术家活着的意义是创作艺术作品。人人活着都有特定的责任，人人都觉得不公平，同时羡慕着别人，而实际上，每个人本该牢牢把握自己生活的意义，在生活中践行。从这个角度来看，大家都没有错，都拥有平等的权利：艺术家、工人、牧师、农民、孩子、狗、男人和女人。如果我们一直对生活的意义感到云里雾里，那我们就会不知所措，制造出本不会存在的问题。

我的观点就是这样。如果从一开始我们就明白这些,一切都会各得其所。我们的文明面临的危机源于失衡。是物质进步与精神发展两者之间的不协调。

布热日纳:这个问题从柏拉图时代就开始了。

塔可夫斯基:不,比这早多了。从人类决定与大自然和他人对抗之时便开始了。我们的社会发展就建立在这种病态的基础之上。维系人们彼此的不是爱,不是友谊,也不是精神联系的需要,而是相互利用的本能。为了生存,当然。但我认为人类无论在何种环境下都是可以生存的,因为他是人,不是动物。关于人与自然和谐共生、创造出惊人成果的例子,我们都有所耳闻。比如说,梵文记载的东方文明就曾实现精神与物质世界的平衡。我们至今还能找到这些文明的踪迹,向我们讲述着这些文明曾选择了一条不同的、更正确的发展道路。可能有人会问:为什么这些文明灭亡了? 这似乎是因为同时期发展起来的文明,彼此间产生了敌意;这些文明还没有任何发展自身理念的机会。原因不得而知。无论是在何种情况下,人类都应该意识到,他来到这个世界,是带着在精神上超越自我的目的而来，是为了战胜我们所谓的邪恶，邪恶的根源在于自大。自大是人类不懂得自爱的迹象，体现了他对爱的定义存在误解。这是所有事情扭曲的根源。科学的愚蠢、谬误及毁灭性后果，并不是因为此刻女性还没有掌握大权，而是因为人类还没有达到精神的最高境界。如果人类转向精神价值，不再寻找能量来源，而是探索精神的来源，那么现在我们讨论的所有问题都将不复存在。人类便会在精神的指引下和谐发展。我认为精神发展不会像智力发展一样一方独大。精神性中本就蕴含和谐的观念。其他的一切，可能你说的是对的，都是次要的。如果你在我的电影中找不到自己，并不意味着我做错了。我已经如实反映出我想塑造的女性形象。你可能并不喜欢。或者你希望我从社会现实主义的角度来描摹女性？

布热日纳：你对我有偏见。

塔可夫斯基：不，你错了。是你对我有偏见。我觉得，你应该问问那个和你一起生活的男人："为什么你这么愚蠢？"这就是提问的方式。

布热日纳：如果这是我与某位男子之间的根本问题所在，我也不会问出这个问题，因为在此之前我就会离开他。

塔可夫斯基：我可以理解。你看，我们产生了这些次要的问题，努力想去解决它们，觉得我们可以拯救陷入危机的世界。但是我们错了。在我看来，整日操心这些问题非常危险，因为这样就无法专注于关键的东西——对精神性的追求。精神性追求应当是全方位的。每个人都明白这一点。这里的每个人，也包括没有受过教育但是精神丰盈之人，大家都明白这个关键问题。举个例子，我曾住在罗马附近的一个村子。在那儿，我遇到了一个一辈子面朝黄土背朝天的男人。他告诉我，如我们所知，农耕工作非常重要，尽管它获得的报酬比其他工作都要低。"如果我从个人利益出发，"他说道，"我会放弃农作，开一间杂货铺，或者从事其他营生。这样我就能过上富裕的生活。但是我绝对不会这样做。"这是一个大字不识的男人。"为什么？"我问道。"我怎么能这样？我从来都不会放任自我。"他回答说。你看，这是一个有责任感的人。

他的精神性体现在这里。他扎根农场，或者说为社区牺牲自我，不是为了物质利益，而是出于对工作的热爱。精神之美在这里熠熠生辉。他离不开土地。而我们这些富有同情心的人，却能心安理得地离开大地。这位农民道德高尚，所以我喜欢他。

布热日纳：他敬畏土地。

塔可夫斯基：敬畏土地，敬畏人类，而且首先敬畏自己。这是最关键的。他敬畏自己。他保留了内心的精神世界。这是非常重要的一点。这样他就没有问题。真正对自己负责的人基本上不会有什么问题。我们想要活着，想要领悟生命的意义，想要完成来世间一遭的责任，但常常做不到。我们还是太弱了。不过选择这种方式很重要。只要我们回答不上来这个问题，这个问题就不会放过我们。不幸的是，今日之社会已走入穷途末路。我们需要时间从精神上重建这个社会。但是我们已经没有时间了。过程已经开始，按钮已经按下，社会正在独立运转。而人们、政治家们已沦为其所建立的体系的奴隶。电脑占据了人类的领导地位。如果想要让电脑停止运转，就需要从精神方面下功夫，而我们已经没有时间做这些了。唯一的希望就是，在最后一刻，在还有时间关闭电脑的时候，人类如有神助，豁然开朗。只有这样，我们才能得到拯救。

布热日纳：我们不停地对抗某些东西，保护自己不受伤害，因为我们走入的穷途末路越来越狭窄。我们面前的墙壁正在慢慢合拢。我们之间的对话就是极好的例子。你在对抗我，我在对抗你。

塔可夫斯基：老实说，我起初认为你不会来。不过现在你来了，我们不得不聊一聊。是的，人类在和错误的敌人对抗。女人和男人斗，男人和女人斗，男人和其他男人斗，女人和其他女人斗。一个国家和另一个国家对抗，一群人和导弹研发抗争，另一群人和别的东西搏斗。我们总是在和某些东西斗争，但是不会向自己宣战。我们是自己最大的敌人。这才是我们要斗争的地方。我也是自己最可怕的敌人，我不停追问自己，我会不会攻克自己。这是我生命的意义所在。如果不能确定攻克自己，我会一直坐立难安。我生下来不是要向自己屈服，就是要向别人屈服。

布热日纳:我对你的新电影《乡愁》非常感兴趣。你关注的是不是移民的问题?

塔可夫斯基:这不是一部关于移民的电影,它有关乡愁,有关思乡之情,有关对故土的向往。电影所讲述的就是这些。

布热日纳:"故土"对你来说有什么意义?

塔可夫斯基:故土是一个人生于兹、长于兹的国家,是文化相连、根脉所植的地方。我曾在美国待过一段时间,这个国家让我大跌眼镜——一片没有根的土地。无根性在那里太显而易见了!一方面,它让这个国家充满活力,没有歧视;另一方面,也造成了精神性的缺失。人们在别处开始了新生活,切断了与过去的联系。这是一个深刻的问题。我在《乡愁》中苦苦探究的话题,在美国得到了验证。这种生活方式之艰难无法想象。一切问题都源于离开了历史的语境。这就是电影想表现的主题。如果斩断了自己的根,人如何能正常、完整地生活?在俄语中,"乡愁"是一种病,一种致命的疾病。

布热日纳:打破与一切的联系很有诱惑力。

塔可夫斯基:诱惑力? 是的。

布热日纳:这也是机会。

塔可夫斯基:不是机会。

布热日纳:不是吗?

塔可夫斯基:不是的,伊雷娜。不存在任何机会。

布热日纳:是发展个人主义的机会?

塔可夫斯基:人类还没有做好这个准备。

布热日纳:这是一个漂泊的世纪。不同种族之间的融合越来越普遍;移民也越来越多。或许再过几个世纪,乡愁就不是问题了。

塔可夫斯基:这是自然演变的。但是问题会变得更深刻。我相信,如果我说把地球划分成不同的势力范围很不正常，你是不赞同的。之所以不正常，是因为人类并非创世者。人类没有权利这样做。他拥有的权利只是在地球上生活，在精神上成长，而不是用尖刺利网把地球分割，用核武器守卫各个分区。这是野蛮的行径。这种情况也滋生出了乡愁、文明和对抗方面的问题。还会导致什么后果呢？如果我认为自己是对的，而邻居是错的，如果我完全不同意他的观点，又不想和他理论，就会出现公开的对抗。除此之外没有其他可能。我们的生活方式很野蛮。《乡愁》围绕着这些问题展开：我们应该怎样活着？在分裂的世界，我们如何找到达成一致的途径？唯有互相做出牺牲。无法做出牺牲的人就什么都别指望了。

布热日纳：你会做出牺牲吗？

塔可夫斯基：很难说。我和其他人一样做不到。但我希望以后我能做到。我之所以这样想，是因为如果此生我无法证明自己可以做出牺牲，那就太悲哀了。

布热日纳：你如何做到呢？

塔可夫斯基：怎么做？我不知道。体面地活着，为了信仰而不懈努力吧。但我的职业就是一种障碍。我不确定自己在电影方面做出的努力是不是必需的,是不是要继续做下去。

布热日纳:你想怎么做呢?

塔可夫斯基:有时候,我觉得自己的工作领域很荒谬。还有比我的工作更重要的事情。如何妥善处理这些事情,如何在其中找到自我,艺术到底有没有积极的一面,这些才是问题所在。所以,自己都没准备好就开始教育别人,这让我困扰不已。列夫·托尔斯泰一生都在围绕这个问题苦苦求索。

布热日纳:你的电影如何反映出你自己的发展变化?

塔可夫斯基:我相信在电影中可以找到我自己的影子,这是毫无疑问的。但是有没有反映发展变化,我不知道。我拍电影的时候绝对不会掩饰自己的个性。

布热日纳:我把你的电影放在一起比较,发现你的作品越来越倾向于简朴的风格。

塔可夫斯基：是这样的。这就是我想呈现的。在我最新的电影里，我觉得传达出来的所有东西都比早期作品要简单。而对于你，对于观众来说，这样的处理永远都不可能是成功的。不管怎么做，都会有成千上万的问题。我知道的就是这些。

布热日纳：你会不会为观众考虑？

塔可夫斯基：我从来不会考虑观众。我怎么考虑呢？我应该考虑什么呢？我应该去教育观众吗？还是说我要了解伦敦的约翰·史密斯或者莫斯科的某位瓦西尔·伊万诺夫是怎么想的？如果我假装自己知道其他人的想法，了解他们的世界，那我就是最大的骗子。如果我多少想要做些什么，我只会按照自己的方式行事，把观众视为和自己平等的人。所以我不会妥协。如果我对某件事没把握，我觉得观众也会产生同样的感觉，所以我在电影中会努力为自己，也是为观众说明白这件事。我不比观众聪明，也不比他们笨。我会和观众一样自尊心受损。当然，有人拍电影是为了钱。没有比这来钱更容易的了。但这不是我的职业追求。我从不会有这方面的考量。

布热日纳:在异国他乡,和其他人一起创作是怎样的体验?

塔可夫斯基:《乡愁》是在国外拍的。大体上,我觉得没有什么区别。会有不一样的地方,但是不重要。

布热日纳:自 1968 年开始,捷克导演米洛斯·福尔曼以移民身份在美国工作。他说,艺术家在东欧会受到意识形态方面的压力,而在西方又要承受商业利益上的压力。对此你怎么看?

塔可夫斯基:确实如此。我在这里要面对巨大的商业压力。但是我在外界的压力之下无法拍摄电影。

布热日纳:你在工作中真的会拒绝妥协吗?

塔可夫斯基:在工作中,我觉得我不会妥协。所以对我来说,在哪里工作没有什么区别。我知道自己是不会听从命令的。如果不按照自己的想法拍电影,我就不能实现这些想法。当然其中会有重重困难。

布热日纳：你的父亲阿尔谢尼·塔可夫斯基是当代著名的抒情诗人，他投身的诗歌领域是永恒的。而你所从事的电影行业则受制于时代变迁。拥有这样一位父亲，你有什么感受？

塔可夫斯基：这没有给我带来任何困扰。我不赞同你的观点——在艺术界，重要程度不相上下的领域并无显著差别。关键在于质量。诗有好有坏，电影也是。

布热日纳：我觉得你在电影里运用了许多象征手法。在《索拉里斯》里，主人公回到父母家，然后下起了雨。雨下得很大，穿透了房子，落在父亲身上。这里的雨是不是象征家？还是指过去的回忆？

塔可夫斯基：象征主义是个很难的话题。我是反对使用象征的。象征主义对我来说过于狭隘了，象征就是为了被解读的。而艺术形象却无法破译。它是我们所生活的世界的对等物。《索拉里斯》里的雨不是象征，雨就是雨，它从某一刻起在主人公心中的分量增加了。雨不象征什么，它表达出了一些东西。这里的雨是艺术形象。象征的概念让我很困惑。

布热日纳:你未来有什么安排？你会暂时留在西方国家吗？

塔可夫斯基:是的,但我还不知道要去哪儿拍新电影。我准备拍一部电影版《哈姆雷特》。瑞典的一个电影协会已经筹集好了资金……他们也是伯格曼电影的投资方。

布热日纳:那你是不是可能要去瑞典？

塔可夫斯基:不一定。我的梦想是拍《哈姆雷特》。

布热日纳:你是不是已经想好怎么拍了？

塔可夫斯基:大体上是的,但我不想透露。现在说还太早。我想先拍《哈姆雷特》,然后可能还有其他电影。我还没开始写《哈姆雷特》的脚本。为了拍这部电影,我准备在西方待三年左右。

布热日纳:不回苏联吗？

塔可夫斯基:我想带着《哈姆雷特》回去。

布热日纳：这会是一部英语电影吗？

塔可夫斯基：我觉得应该是英语电影。

布热日纳：你开始酝酿演员人选了吗？

塔可夫斯基：我还没开始想演员的问题。

布热日纳：你为什么想拍《哈姆雷特》？

塔可夫斯基：因为《哈姆雷特》反映了当今世界面临的问题——至关重要的问题，它的答案决定了人类是生存还是毁灭。当然，我必须用自己的体裁再现莎士比亚的作品，必须用自己的形式——一种不同的戏剧表现方式——再现这一主题。

"An Enemy of Symbolism" by Irena Brezna from *Tip*, March 1984. Translated from German into English by Zsuzsanna Pál.

20 世纪和艺术家

V. 伊希莫夫和 R. 舍科/1984 年

1984 年,借着圣詹姆斯节的东风,一场安德烈·塔可夫斯基电影回顾展得以举办。在伦敦的一座教堂里,塔可夫斯基发表了题为《末日宣言》的演说。在见面会上,他就"电影创作与艺术家的责任"这一话题陈述观点,随后回答了观众的问题。我们在这里为读者呈现两场见面会的记录。

第一场见面会

安德烈·塔可夫斯基(以下简称塔可夫斯基):今天

我们不放电影，因为今天我只想和大家聊一聊。在各位提问之前，我想先谈谈，如果艺术家实现了完全的自由，他会是什么样子，我简直想象不出来。这可能就像是深海里的鱼，突然被直挺挺地拽到了海面上。几年前，我拍了一部关于卢布廖夫的电影，这是一位才华横溢的艺术家。卢布廖夫受宗教教规严相逼，受环境所迫，只能对所谓正统的华美原稿亦步亦趋，在如今这个时代，我们已经完全不可能设想他在那种情况下是如何进行绘画创作的。每一圣像都有自己的独特烙印，想要在构图和颜色上违背正统是绝对不可能的。难以置信的是，身处这样的环境，卢布廖夫依然成了一位天才级别的艺术家，尤其是在前辈的衬托之下。总而言之，自由是一种非常不可思议的东西。

我有一整年必须在意大利工作。在意大利，自由意味着人们会受到枪击。开枪的人被送进监狱，但是很快就能出狱，因为给这些罪犯辩护的方式有千万种，但让他们受惩罚的方式只有一种。我不是支持用严刑峻法，我想说的只是，要想实现自由，就必须这样做。不需要经过任何人的允许。这很简单。但是，我们不知道如何获得真正的自由。因为极度自由之人，是那些对生活一无所求的人。这些人对自己有很多要求。他们自己肩负起沉甸甸的压力，而不是把压力加在周围的人身上。希望你们不要误解我的意思，我所说的是道德意义上的内在自由。我不打算和这里传统的英式民主或者无政府状态针锋相对，我谈论的始终都是自由，是在整个历史长河中，为时代和所处社会牺牲自我之人被赋予的自由。

我之所以想要详细聊聊这个话题，是因为就像我之前说的，我刚刚完成了上一部电影。我总是想找到那些内心自由之人，尽管内心自由在他们周围之人身上是稀缺品。我们常常说，人必须强大，但是有人真正懂得什么叫强大吗？我一直想看到这样的人物，他是强大之人，却被描绘成大家普遍认为弱势的形象。因此在《潜行者》中，我决定把主人公塑造成这样的形象。他是一个非常弱势的人物，但是他拥有一种让自己无坚不摧的特质，就是信仰。他坚信自己必须服务他人。因而他变得无坚不摧。人都会死，同时也会失去一切，这种泛泛而谈——你应该能理解——是站不住脚的。我认为，我们在从事的行业中辛勤耕耘，不是为了向自己证明有能力表达自己想说的，而是为了展示自己想要服务的意愿。那些固执地认为自己成就了自己的艺术家让我惊讶不已。这种想法绝对不正确，是时代造就了我们，是与我们生活在一起的人造就了我们。如果我们在某方面取得成功，那只是因为其他人需要我们创作出来的东西。我们在某方面取得的成绩越丰硕，说明在这方面需要我们表达出来的人越多。因此无须多言，本质上，我们从来没有赢过，都是其他人胜利了。我们总是输的一方。

以上就是在各位提问之前我想说的。我希望这场见面会能像聊天一样，不要只是你们来听我演讲，特别是我真的不知道怎么做演讲。

如果我能拥有随心所欲的自由，很难想象我的生活会是什么样。我需要完成在我看来最为关键和必需的事情，至少是我定义的必需。想要和各位及所有观众交流，唯一的方式就是坚持自我。其他层面的交流都是痴心妄想。当然，想通过电影来交流非常困难，因为有百分之七十五到百分之八十的观众认为，我们拍电影是要取悦他们。说真的，我也不清楚为什么他们会这样想。但是不管怎样，这就是事实。而且，我们以后的创作也有赖于他们付的钱。我们发现自己进退维谷：一方面，我们应该坚持自我；另一方面，我们至少要把制片人和发行商的每一分钱都花在刀刃上，这样以后才有人愿意跟我们合作。我们必须承认，情况非常惨淡。我们已经不再尊重这百分之七十五的观众，甚至立刻转身，准备取悦他们。但是我们还要再忍耐一下这百分之七十五的人，让他们相信没有人在取悦他们。很快他们就会适应。（笑声。）但遗憾的是，不是所有导演都和我的想法一致。不妨想象一下，如果我们圈内人达成一致，不再取悦大众，会是一番怎样的景象。如果我们没有走向穷途末路，便会流行于世。我们就会成功地改变那百分之七十五的人。

我明白现在坐在台下的观众，可能除了一部分，我觉得（笑声），都属于另外的百分之二十五。跟你们交流起来非常顺畅。要是遇上以电影为娱乐方式的观众，那就挺可怕的。以前我在见面会上就遇到过这种情况。之后我过了很长时间才缓过来。（笑声。）不过今天是一场愉快的会面，我和优秀的英国导演、我长期以来尊崇的艺术家（林赛·安德森）坐在一起，更不用提我敬重的发行商。我对我电影的发行非常非常有信心，因为我的电影一直都是这么顽固不化,让观众找不到一点乐趣。我觉得如果观众去看我的电影,他们一定已经完全能想到会看到什么。

不管怎样,感谢你们来到这里,现在欢迎提问。我相信,回答你们的提问一定比我刚才自说自话有意思。(笑声。)

观众:如果不是为了娱乐,电影的目的是什么?

塔可夫斯基:我简明扼要地谈一谈。有人说过,简洁是才华的姐妹。电影不是艺术吗?

观众:是艺术。

塔可夫斯基:艺术的目的从来不是娱乐。可能会有一些自相矛盾的案例,比如马蒂斯曾说,他有点像舒适的沙发。不过在我看来,马蒂斯这是在故弄玄虚,糊弄那些想买他画作的人。如果说电影是一种艺术,那么和所有艺术一样,它的目的绝对不是娱乐。那它的目的是什么呢?是告诉自己和身边的每个人,人活着是为了什么,生活的意义是什么。是为了解读生活,以及每个人来到这个世界的原因……多可怕的沉默……（笑声。）

观众：《镜子》是不是一次对于蒙太奇手法的实验？

塔可夫斯基：你知道，我从来不以实验为目标。电影不是科学研究，我们不应该让自己投身有可能失败的实验。没有人会愿意投资让我们做这样的实验。反正艺术中是不存在实验的……艺术从来不是追求手法。在20世纪，艺术家纷纷沉迷于研究艺术手法，陷入了一发不可收拾的表现风潮。极端不正常的表现主义。法国批评家、诗人、散文家保罗·瓦莱里对此有非常精妙的论述。他说在我们这个时代，笔触和画风已经变成了画架上作品的内容。我认为他的作品可以被称作"德加的特邀嘉宾"。而且他是对的。设想一下：毕加索画了一幅画，签上自己的名字，卖了大价钱，然后把钱捐给了法国共产党。了不起！但我觉得这样的作品和艺术没有任何关系。

我不知道发生了什么，为何艺术在20世纪丧失了神秘性，为何艺术家突然变得什么都想要。他刚刚写下四行诗节，就想着要发表了。而早前的艺术家，以卡夫卡为代表,他创作小说,临终却要求朋友或遗嘱执行人销毁自己的所有作品。万幸的是,朋友没有遵照他的心愿。你们可能会说,卡夫卡也属于20世纪。是的,他是生活在20世纪,但他不属于这个世纪。按道理,他属于19世纪。他饱受痛苦的原因就在于此。他生不逢时。我的核心观点是,真正的艺术家不会去实验或者寻找——他总在发现。因为如果他发现不了,他的作品便是一堆废纸。你谈到关于蒙太奇的实验,我会回答,在《镜子》中,从来不存在蒙太奇的问题。或者说,这里不存在实验。

实话实说吧,我在拍摄中积累了海量素材,然后开始剪辑,剪了第一版,剪了第二版、第十版、第二十版,结果电影还是没有成形。这里并没有蒙太奇实验方面的问题。电影就是拍不成。我甚至想说,这里的"拍不成",要从灾难的意义上来理解。显然,这些素材中蕴藏着我无法掌控的某些特质。在剪辑过程中,我想到了戏剧创作。剪辑了二十个版本后,我才意识到我必须运用颠覆性的手法,完全抛开逻辑,想办法把这些画面拼接在一起。于是,第二十一版诞生了。这就是你们在影院银幕上看到的。我看到电影画面后,马上就知道这次我摆脱了失败的惨痛遭遇。至于这一切是如何发生的,我不知道。但是我发誓,在最开始,我觉得所有素材都拍得不对。我刚才所说的"版本",指的是电影片段而不是单个镜头的变换。我甚至没有研究过每个镜头中的细节问题。以上就是电影剪辑过程中发生的故事。

观众:你的上一部电影是在意大利拍摄的,这是一部苏联和意大利联合制作的电影吗?

塔可夫斯基:电影是意大利语的,由意大利广播电视出资拍摄。我是导演,奥列格·扬科夫斯基担任主演[顺便提一句,在这次伦敦活动期间,大家可以欣赏到他的两部作品——《乡愁》与《清醒和沉睡间的翱翔》(*Flights in Dreams and in Reality*)]。此外,我的妻子拉瑞莎·帕夫洛娃承担了助理职责,一如既往地参与我的电影制作。这些足以证明这是一部合作片。

观众:与"索文电影"联合出品,这是什么意思?

塔可夫斯基:"索文电影"是掌控苏联电影业所有涉外联系的机构。

观众：从个人风格的展现来看，你是否觉得在意大利比在苏联更自由？你有没有感受到商业方面的压力？

塔可夫斯基：你有没有看过《乡愁》？你应该看过。从这部作品来看，我觉得差别不大。所有的电影工作人员都极其相似。我常常会惊叹：就连同事们的风格和个性也难以置信地一致。这是职业特征使然。但是我不会说在意大利拍电影就非常简单。当然这也不意味着，我觉得在意大利工作比在苏联更难。导演这个职业就像是端着一大摞盘子的服务生，小心翼翼地保护盘子不被打碎，我基本上已经习惯了。如果你有了项目的雏形，想把它付诸实施绝非易事，因为只要跟电影摄制组见上第一面，你就会把最初的想法忘得一干二净。所以，你的任务就是，不管发生什么，都不要忘记自己想做什么。电影世界里万事俱备，以至于才过了一周，你就彻底丧失了对于自己身在何处、正在做什么的感知能力。但我应说明的是，在苏联，我从来不用考虑钱的事，而在意大利，请原谅，我每时每刻都在考虑钱的问题。我听到"钱"这个字比听到"你好"或者"再见"要多得多。（笑声。）太难了。

别人跟你讨论钱的时候，如果你能屏蔽自己的意识，那一切就会畅通无阻。提到钱的时候，你只要像个傻子一样就行了。请原谅，不管如何，无论是遍布荆棘还是顺风顺水，我都会实现自己的想法……电影是一项艰巨的事业，所以情况简单一点还是复杂一点并没有什么影响。我记得在战前，美国人做了一次问卷调查，调研公众心目中最具毁灭性和危险性的职业有哪些。排名第一的职业是试飞员，第二位就是电影导演。

观众：你曾感叹，百分之八十的观众看电影是为了娱乐。你也说过，电影的使命是诠释生活的意义。但矛盾的点在于，大批观众觉得你对电影创作的阐释非常晦涩难懂。然而，你还想向世人解释这些普遍存在的问题。

塔可夫斯基：我觉得遇到这个问题的不止我一个。我觉得我和其他同事没什么不一样。这是第一点。第二点，有百分之二十五到百分之三十五的观众，我已经很满意了。我觉得这已经非常好了。你可能知道，在莫斯科，我们有两座著名的大型音乐厅。一座是莫斯科音乐学院大厅，另一座是柴可夫斯基音乐厅。莫斯科人口大约有九百万到一千万。人们可以欣赏到巴赫、莫扎特和贝多芬的作品。不知怎的,光是这两座音乐厅,就能满足一千万莫斯科人的精神需求。即使大师的传世名作在这里奏响,也没有人把门挤破,音乐会的听众甚至不到一百万人。与此类似,我们大可不必轰轰烈烈地印刷普希金和莎士比亚的作品。人人都说离开他们的作品就活不下去,但实话实说,真正读过普希金和莎士比亚的人有没有百分之二三十?我的意思是,人们会反复阅读这些作品吗?而我们这些电影业的从业人员面临的情况更加糟糕。看看现在的情况吧。这么多年来,导演都是按照大众的期待拍电影。这样做的后果就是,观众不想再看这种电影了。现在情况就更糟了,因为如果我们突然把自己的想法呈现在已经失望的观众面前,他们也没有观看的欲望了。因为他们已经变了太多太多,已经堕落了。如果想让他们变回十五年前的样子,打个比方,我们就要再浪费二十年。所以说,要是把电影业都寄托在观众身上,结局是完全无法预料的,你不知道要拍什么才能不让制作成本打水漂。不过我确定的是,有百分之二十五到百分之三十的人会是我的观众。

观众：在《镜子》和《潜行者》中，观众能体悟到自由这一主题，以及周围摇摆不定的感觉。这与你说的内心自由有什么关系？又与你用来和力量对比的软弱有什么联系？

塔可夫斯基：当我说到"软弱"，我脑子里首先想到的就是没有攻击性。这是真正的自我牺牲的能力。因为最终……

观众：你想说的是软弱还是接纳？

塔可夫斯基：对，是接纳。

观众：软弱可能不是最准确的词，因为它的反义词是好斗。接纳这个词或许更准确些。

塔可夫斯基：我同意你说的。不过这是翻译问题，不是我的问题。我明白你的意思。但问题的关键在于，人类在本性上首先想到的就是要求他人，教别人如何表达自己的欲望。我关注的向来是向内要求自己的人。只有从那一刻起，从那一点开始，人类才会向积极的方向发展。其他一切道路都会让我们走向悲惨结局。关于我在所有电影中传达的内容，以上就是我想说的。人类是世界的中心，宇宙的中心。但这并不意味着你可以认为自己比某个人更重要，事实恰恰相反。

观众：可以谈一谈未来的计划和接下来的电影项目吗？

塔可夫斯基：计划肯定是有的，而且不少。说多了你可能会厌烦，举个例子吧，我准备执导一部英语的《哈姆雷特》。

林赛·安德森：太棒了！为什么不呢？

塔可夫斯基：安德森先生说"为什么不呢"。太好了！

观众：你拍的苏联电影以对范围和空间的真实呈现著称，借此传达出对于空间的恐惧感。我可以这样说吗？

塔可夫斯基：空间？哪种意义上的空间？是字面上的吗？天哪，我非常恐惧。在拍摄《安德烈·卢布廖夫》时，我就被迫克服故事里的重重空间，但是我至今也没有走出来。如果你没有看过这部电影，那不奇怪；但是如果你看过,你提的就不是个好问题。(笑声。)说到我最近的电影,还有你提到的幽闭恐惧症,哈姆雷特有一句很精辟的台词:"即使被关在果壳之中,我仍是无限宇宙之王。"这是我翻译过来的,莎士比亚的原话不好记。你也不用费劲去回忆。但你应该去读莎士比亚。

观众:你怎么想到要拍一部关于卢布廖夫的电影?

塔可夫斯基:我为什么要拍某部电影,这种问题总是让我很难回答。因为我从来不觉得是什么和为什么是真正的问题。或许也是出于这个原因,我想不起来拍摄某部电影的动机源于何处。我不是在某个特定时刻下定决心要拍卢布廖夫的。我确实想不起来当时的情况了。它好像是悄无声息地发生的。

观众:在国家电影院,你曾说电影导演这个职业类似于诗人。你可以解释一下为什么要和诗人类比吗?

塔可夫斯基:当然可以。19 世纪末 20 世纪初的著名诗人勃洛克曾说——当然他主要活跃于 20 世纪——诗人的使命是在混乱中创造和谐。在世间混乱中书写和谐之歌。普希金在《莫扎特和萨利耶里》中也曾写过。电影从本质上看，从画面构图上看，首先是一种诗性艺术。因为电影不必纠结字面意义，也不用遵循逻辑顺序，甚至不需要我们所谓的戏剧结构。电影的独特性在于它被用作一种定格和记录时间的媒介。这里的时间是字面意思，是哲学和诗学意义上的时间。电影产生于19世纪末20世纪初。其诞生恰逢人类开始意识到时间匮乏之时。我们已经渐渐习惯生活在急剧压缩的世界。我觉得，18、19世纪的人在我们这个时代无法生存。仅仅是时间上的压力就会把他压垮。也就是说，他必须在身体和道德上加速运转才能跟上这个时代。而电影本质上就是要为这些问题赋予诗学意义。所以说，电影是唯一可以铭记时间的艺术。换句话说，理论上，同一卷胶片，我们可以看无数次。因此它就像时间之源。从这个角度来看，电影的时长和节奏，类似于诗歌中举足轻重的韵律，有其不凡意义。在此意义上，时间可以自言。这是一个非常有趣的问题。某种意义上，每种艺术最高级、最精妙的形式都是充满诗意的。列奥纳多·达·芬奇是具象艺术中的诗人，是诗意天才。所以，称达·芬奇为艺术家，称巴赫为作曲家,称莎士比亚为剧作家,称托尔斯泰为作家,这是荒谬的。他们都是诗人。这是有区别的。每当谈到电影的诗性本质,我都会想到这些。因为这是生活的一角、宇宙的一隅,是我们从其他艺术形式或体裁中无法知晓或理解的。因为电影能做到的是音乐及其他艺术形式或体裁做不到的。反过来也一样。因此,我们不能说艺术落伍了。真正的艺术不会落伍。而我——作为专业导演——要努力完成的,就是以诗意的方式解读我关注的美学和道德方面的问题。

观众:你在筹备电影时,是先设计并记录好所有镜头和场景,还是在拍摄过程中临时起意?

塔可夫斯基:我的工作差不多分为两阶段。我会先想好拍摄计划,但是来到拍摄现场后我发现,生活远比我的想象要丰富多彩,我的所有计划都被打乱了。现在我开始懂了,如果毫无准备地去拍摄现场,我发挥的空间就会更大。过去我会做一些基础工作,是因为我对自己的创造力没有充分的、专业的认知。而如今,我觉得这些认知反而成了沉重的枷锁。如果不去想这些就好了。

观众：在一次国际电影学院研讨会上，你曾说女性的精神性不足以让她们成为导演。

塔可夫斯基：如果我说过女性没有足够的精神性从事创作，那现在我应该说，女性在创作以外拥有足够的精神性。问题在于，男性没有充足的精神性来阻止自己创造事物。这就是我们与女性的差别。也就是说，女性是用富余的精神性来创作，而男性创作则是出于自我认可的需要，因为他们本身缺乏精神性。这就像你我的区别！但与此同时，如果要问我对女性导演的看法，我不会回答的，因为你翻翻艺术史就知道了。

观众：你妻子对这个问题有何看法？

塔可夫斯基：我妻子甚至理解不了我们在说什么。显然她和我的看法是一样的。我始终强调的观点是一切皆有可能。但是每个人能把握的机会寥寥无几。

观众：你过去一直在拍电影，为什么想要导演歌剧？

塔可夫斯基：就是因为我还没有导演过歌剧。

观众:你最看重演员的哪些品质? 你对演员的态度是怎样的?

塔可夫斯基:你是问我如何跟演员相处,还是怎么挑选演员?

观众:你在工作中是如何跟演员相处的?

塔可夫斯基:如果演员在拍摄之初就表现得完全服从电影理念,我就会给予他完全的自由。如果我们在电影理念方面各执一词,那么大家常说的,不管是借着导演旗号发号施令,还是在演员的问题上彻底做甩手掌柜,都是做不到的……总而言之,作为导演,我无法忍受演员不认同我的观点,也不能接受他们对要拍的电影的概念有异议。我倾慕那些与我观点一致的演员,并给他们十足的自由。在我的导演生涯中,包括演员和工作人员,我只跟两个人起过冲突。

观众:俄罗斯人对于《哈姆雷特》的兴趣让我非常吃惊。

塔可夫斯基：如果俄罗斯人对《哈姆雷特》的兴趣让你吃惊，那英国人对《哈姆雷特》兴致寥寥才让我吃惊。

观众：吸引俄罗斯人的是《哈姆雷特》，而不是莎士比亚的其他作品？

塔可夫斯基：《哈姆雷特》是世界上现存戏剧和诗歌作品的最高典范。

观众：为什么说是最高典范？为什么它有如此大的吸引力？

塔可夫斯基：因为这部剧向我们展现了从莎士比亚时代到现在，甚至一直会延续下去的一个关键问题。这个问题的核心就在于，莎士比亚的戏剧不会屈服于任何形式的再现，也就是说，无论谁把《哈姆雷特》搬上舞台，都会以失败告终。尽管如此，我还是想执导《哈姆雷特》。但我无从下手。这其中蕴含着深邃的奥秘。举个例子，我觉得《哈姆雷特》表现了一个精神境界很高的人，如何在低俗的众生间生存的问题，这是这部剧的核心要义。一个属于未来的人被迫生活在过去。这是不折不扣的过去。《哈姆雷特》这部剧探讨的不是主人公注定死亡而后消失，而是他一直被笼罩在道德的和精神的死亡之阴云下，这是他的悲剧所在。也正因为这样，哈姆雷特放弃了精神上的高高在上，变成了普通的杀人犯。他不得不放弃生存，换句话说，他必须自杀，这样就不用履行自己的道德责任了。

观众：你最喜爱的电影有哪些？

塔可夫斯基：我非常喜欢布列松、伯格曼、安东尼奥尼、沟口健二、维果和布努埃尔的作品。还有其他人吗？我报不出新名字来了。有五六个，或者七个导演……

观众：我们这里几乎看不到苏联电影。在苏联，大家能经常看到外国电影吗？有哪些电影？

塔可夫斯基：恐怕我们看到的外国电影比你们还少，而且质量不一定好。我很难解释这背后的原因，可能是因为好电影价格高吧。

观众：你喜欢的经典的苏联导演都有谁？

塔可夫斯基：默片时代，亚历山大·杜辅仁科的作品让我神往。在最早一批有声电影中，我非常喜爱卡拉托佐夫的早期作品。他执导的《斯文尼希亚的运盐》(*Salt for Svanetia*)让人拍案叫绝。我喜欢的经典作品差不多就是这些。我不太喜欢爱森斯坦，在我看来，他工于心计，理智过了头……

观众：他不是实验派吗？

塔可夫斯基：我不知道。我很喜欢苏联导演谢尔盖·帕拉杰诺夫和奥塔·埃索里亚尼。

观众：《索拉里斯》的主要观点是什么？你说过自己的观点一直是鲜明的，但在这部电影里，我感受到的只有美和神秘。《索拉里斯》一直被拿来和其他科幻电影对比。我觉得里面的音乐和电影内容格格不入。

塔可夫斯基：如果我告诉你电影的中心思想是什么，我确信这不会和你的感受格格不入。因为我的电影主题与莱姆的小说不同，我想表达的是，即使处于非人的环境，人类也必须坚守人性。

观众:你在电影中使用了巴赫的圣咏前奏曲《我呼唤你,主耶稣基督》,是因为这段音乐对电影至关重要吗?我觉得它和电影的中心思想是矛盾的。

塔可夫斯基:要表现人性的主题,还有什么比借用巴赫的音乐更自然的方式呢? 我不懂为什么说这和电影的中心思想格格不入。

观众:你在选音乐的时候有没有宗教和基督教方面的考量?

塔可夫斯基:每种艺术都承载了宗教意图。

观众:你为什么觉得艺术都有宗教意图?

塔可夫斯基:因为艺术在构思的过程中不需要逻辑,也不会形成逻辑化的行为,反而像是在表达对信仰的猜想。艺术假设信仰是存在的。换言之,艺术要以艺术形象向大家呈现信仰,这与任何逻辑话语都是截然不同的。再者说,如果托尔斯泰的作品建立在某些概念或理念的基础上,那么从他的作品及其形式来看,他的艺术架构也就灰飞烟灭了。此外，我们未必会理解或认可某个艺术观念，尽管如此，艺术作品还是诞生了。感觉好像是这些作品战胜了其背后的观念，其创造出来并为我们所感知的世界让原本的观念黯然失色。也就是说，艺术是独立于逻辑观念而存在的。我们常说某个艺术家、作家、音乐家或者导演是哲学家。这只是个词语罢了。实际上，艺术家并不是真正的哲学家。我们分析他的哲学观点就会发现，首先，他的观点不是原创的；其次，他用的明显是家喻户晓的观点，或者至少是借鉴了这些观点。因为他不是真正的哲学家，而是诗人。诗人需要哪些品质？诗人是拥有孩童般心理和想象力的人。当然我们可以说，看看那个孩子，他（她）是个哲学家，但这个词在这儿的含义是非常局限的。对于艺术家和艺术作品呈现出的世界，我们只能选择接受和相信，或者拒不接受，我们唯一可以讨论的就是真正的艺术作品给个人带来的宗教影响。因为它会影响人的灵魂和精神根基。

观众：早前你曾说过，艺术关注的焦点是生活的意义，艺术旨在阐释这个世界，但是在你的电影中，我没觉得你在阐释。你的电影是深刻而神秘的。公众对你的电影最大的感受也是神秘。认知过程具有宗教意义,难道不是因为我们不知道答案是什么? 因为《索拉里斯》没有给我们答案。

塔可夫斯基:如果电影给你带来了神秘感,那么是对我莫大的称赞。我心里觉得,如果电影能让观众意识到生活是神秘的,我会很高兴,因为对于一大批人来说,现在的生活已经毫无神秘感了。

观众:矛盾的地方在于,阐释本身也是谜。

塔可夫斯基:不,如果你看电影时看到了其中的一些神秘之处,就代表我成功地表达了自己对生活的态度。因为没有哪个谜比我们的存在这个谜更深邃、更神秘、更重要了。如果每个人……或者很多人都能这样想,生活就会不一样。

观众:这是你电影的关键所在吗?

塔可夫斯基:不是,这些都是锦上添花的东西。

观众：你对歌剧有什么看法？

塔可夫斯基：我有一个非常奇怪的想法。我找不到比歌剧更不自然的体裁了。所以我想花点时间深入了解某个为歌剧疯狂的人，好弄明白歌剧到底是什么。我会试图找到逻辑的影子，一些真实的东西。有人像鸟一样唱歌来表达人类的情感，还有什么比这更奇怪的吗？

观众：这在现实生活中经常发生。

塔可夫斯基：不，我可以很确定地告诉你，这在生活里非常罕见。

观众：所以你谈论的是现实主义问题。

塔可夫斯基：我说的是生活的真相。

观众：这是陈述理由还是提出问题？

塔可夫斯基：按常理来说，当然每个人都能唱歌。但是在歌剧这种体裁中，有些地方就不对劲了。有些东西不该是这样。当人们去看歌剧时，他们会说自己是去欣赏威尔第的音乐，这绝不是偶然。因为如果你说自己去看歌剧，大家就会说你是个没有学识的呆子。简单点说就是，你一进歌剧院就应该闭上眼睛，专心欣赏音乐。许多人都是这样做的。也有很多人告诉我，只要他们睁开眼，就会被台上的一幕幕吓到。确实对于每个人来说，歌剧呈现的内容都是极其不自然的。不过就像我刚才说的，我想花时间深入了解那些在歌剧艺术中如鱼得水的人。我确实这么做了，但我选的不是最优秀的歌剧。我选了穆索尔斯基和普希金的《鲍里斯·戈都诺夫》。为什么不选更优秀的歌剧呢？因为这是一部戏剧性很强的歌剧。如果我突发奇想要改编，比如说，瓦格纳或者意大利歌剧，那么谈到我对歌剧的看法时，我更容易表达自己内心的想法。但是因为选择了《鲍里斯·戈都诺夫》，所以除了音乐方面，我还要涉猎戏剧、心理、道德等多个领域。可能有人会说，这样会让我现在所做的实验变得异常困难。我好像已经否认了歌剧的心理和戏剧意义，而与此同时，我又必须竭尽全力在自己的作品中展现这两种特质。一言以蔽之，我被困住了。我落入了圈套之中。

（全场掌声雷动。）

第二场见面会

塔可夫斯基：不知怎的，今天我们谈论的主题——艺术家的责任——似乎早有定论。但是从意大利来这儿的旅途中，我意识到这样的定论是不妥的。什么叫艺术家的责任？一切取决于艺术家对自身责任认识的广度。怎么能推而广之要求其他人呢！即使最微不足道的要求也是轻率之举。因此，我觉得聊一聊与此相关，但略有差别的话题更有意义，这个话题就是艺术在当代生活中扮演的角色。

当然，显而易见，在我们这个时代，艺术正处于大萧条状态。造成这种情况的原因不是社会条件和环境发生了变化，也不是大众丧失了兴趣。问题的根源在其他地方。因为大众对艺术兴趣盎然，艺术家也在四处寻找与大众沟通的路径和可能性，但双方都很痛苦，因为交流不多，互动的可能性也不充分。每个在艺术领域深耕的人都会感同身受。显然问题在于艺术的精神性越来越淡薄。艺术关注的重点发生了天翻地覆的变化，这不是艺术该探索和努力的方向。而这一切很大程度上取决于大众，大众的喜好最终会影响艺术呈现的内容。

随大流的风气愈演愈烈，于是我们进入了艺术即娱乐的时代。自然，看看戏剧及其历史，我们会发现戏剧创作活动始终围绕这一目标展开，不过程度各有差别。（我说的不是古代或中世纪的神秘剧。）从一开始，电影本质上就是商业化的艺术。但是目前电影界的发展态势很奇怪。甚至可以说是灾难性的发展态势。因为观众已经获得了自己想要的东西，他们基本上不再去电影院了。万幸的是他们不再去了。对此有人做出如下评论：观众对所谓的当代电影产生了不满。而在其他艺术领域，比如造型艺术，情况也非常非常惨淡。总之，这种危机来源于我们精神性的缺失。

每个人都知道，靠非商业化的艺术——关注人类内心世界的艺术——谋生是不可能的。大作家现在被迫为商业电影创作剧本。十年前成就斐然的那些作家，现在创作的是低劣的作品。换言之，没必要再谈艺术的复兴了。

这可能是目前最困扰我的问题。我该怎么做？我应该自责吗？要自责到什么程度？

我和许多同事一样，都很自责，我们背弃了艺术的初衷，自毁创作生涯。最近，我在罗马电影实验中心的活动中见到了一群年轻人，这次的所见所闻让我非常吃惊。有一位想成为艺术家和导演的年轻人坦言，他在进入电影学校前，就知道自己会成为唯利是图的人。每个人都是这样，几乎没有例外。

19 世纪文学最常见的一个社会主题就是，年轻人去大城市寻找致富的门路。这是美国文学、法国文学，乃至各国文学中广为人知的经典主题。故事的结局往往是主人公的幻想破灭，或多或少有些戏剧性。许多小说都围绕这种精神性戏剧展开。如今，这些刚刚踏入艺术领域，还是学生的年轻人，就知道在商业电影的圈子里要怎么做才能求得职业发展了。可见，在我们这个时代，有意成为导演的年轻人想法已经变了。造成这种情况的原因有很多。

大家都知道，与东方（我是指远东，印度和日本的传统文化深深扎根的地方）不同，西方是以实用主义著称的。最终，民主席卷了西方，让西方人有了体验自由的机会,更重要的是,剥夺了他们对他人的信任,他们只相信自己了。某种意义上,西方的民主是唯我独尊的。总体上,西方文化也是这样。这种特点众所周知,在此我就不赘述了。

西方的杰作有什么特征呢？即使在文艺复兴时期,它们也都是人类灵魂的呐喊,对千万种欲望的表达:看我多么快乐,看我多么不快乐,看我多么痛苦,看我爱得多深,看我周围作恶多端的小人,看我和恶势力殊死决斗,看我在恶势力的重压下灭亡,看我克敌制胜。总而言之——都是我、我、我、我、我……(如果我有哪里说的不对,请向我提问并帮我指出来。)

我们谈论的东方古典艺术,不是几百年前的东西,而是两三千年前的作品。举个例子来说,东方音乐……我的上一部电影《乡愁》是在意大利拍摄的。在电影里,我融入了一段约公元前 6 世纪的道教音乐,这是我有一次偶然听到的。这段音乐妙不可言,更不用说其内在的庄严感。东方与西方不同的是,所有的意义都围绕着消逝与融合。东方精神性的某种内向性在这段音乐里表现了出来。当周围的世界融入个体之中,便产生了某种精神上的崩塌；于是整个世界有了呼吸，当然也是精神意义上的。

我想要直截了当地指出，东西方文化之间是泾渭分明的，以此彰显如今两者间的差异所在。你们谁都不能否认，世界上所有文明都是从中国、日本和印度等东方文化衍生而来的。东方的原始野蛮与西方对自由民主的推崇格格不入。的确，我也认同现在那些敏锐的听众的观点，他们觉得我的说法不完全正确，因为西方音乐界还有像巴赫这样的人物。但是你们知道，巴赫是"害群之马"。他不仅与传统没有任何相似之处，相反，他在精神意义上与传统是割裂的。他与上帝之间的联系也完全超脱于文明之外。巴赫的特例或许恰好论证了我的观点：在西方，艺术家是不可能在创造中失去自我、牺牲自我的。因为这是真正的艺术家应做出的行为。以13—15世纪的俄罗斯圣像画为例。从来没有哪幅圣像画署以艺术家之名。圣像画家没有把自己当作艺术家。如果他有机会为圣人作画，他就感恩上帝慈悲了，因为他觉得自己是在用手艺和专业技艺待奉上帝。他会真心诚意地祈祷，这是他工作的核心。也就是说，整个创作过程中没有自我。

你们看,整个文艺复兴时期,就拿意大利文艺复兴来说,都充斥着不可一世的雄心壮志。我并不是贬低西方文艺复兴的成就。我只是想说,正如东西方古典艺术曾经相互依存,今日西方现代艺术和西方古典艺术也彼此依赖,且具有差异。从东向西的运动不断发生,但是西方毫无长进。简言之,迷失、堕落和精神信仰的混乱比比皆是。我举双手双脚拥抱、欢迎西方民主,但我必须告诉你们,这种民主让人类丧失了精神性。在西方知识分子的存在主义中,精神性不是必需的。原谅我,我不是在批判,我们生活中还有更需要批判的问题,这些问题我很了解,但我现在说的不是这些事。我们现在身处西方国家,所以我想谈谈目前对你我都非常重要的话题。

不知为何,西方民主赋予人类的自由和保障,也让人类在精神方面变得极度贫乏。但是大家不要觉得我固执地认为,必须承受社会压力或者推翻来之不易的民主,才能实现社会精神性的提升。我早就摈弃这些想法了,和你们一样,我觉得。

但当我们对一切都丧失了兴趣,当我们活得——请原谅——像吉卜赛人一样,矛盾之处在哪里?但是这个类比很不恰当，因为显然吉卜赛人比你我自由多了。我想说的事实是，我们是不考虑未来的。如果我们思考过未来，就不会像现在这样生活了。生活已经逃出了我们的控制范围，即使在民主程度最高的西方国家也是如此。最终，这一切必对我们的文化产生影响。而那些细节，就像当代文学、当代小说和电影面临的危机——它们全都已经成了无足轻重的琐事——是我们内心生活与社会现实之间的关系完全符合逻辑的结论。

但是有人会说，艺术一直都处于危机之中。而且，认为经济和社会意义上的复兴，始终与文化领域的复兴同频共振，这是非常肤浅的看法。这样想的人一定是粗浅地歪曲了这个社会学观点。如果把精神复兴和经济复兴放在一起比较，我们就会看到两者的差异和冲突。以俄罗斯历史上著名的反动时期为例，从俄日战争战败开始，一直持续到1917年，这是一个危机四伏、精神沦丧的时期。众所周知，这段时间恰好也是俄罗斯文化最近的一个复兴期，不过结束的时间比1917年要晚些，大概是在20世纪20年代末。在这里我不追求格外精准，这也不是西方的知识阶层在研究艺术、哲学和宗教……总之，这个例子批驳了精神飞跃依赖于经济发展的粗暴观点。

如今我们发生了什么？我努力寻找不会冒犯大家的词语。因为我自己理所当然地也不能置身事外。我想说的是：我们丢掉了精神性，已经完全不需要它了。为什么会这样？我提的这个问题先搁置……不过现在似乎还不是丢掉精神性的时候。因为从政治、精神和社会方面来看，我们的星球正经历前所未有的困境。

人们可能会质疑我说的话——他们会说，在整个历史长河中，举步维艰的时期比比皆是，知识分子日日哀号世界末日正步步逼近，大动乱要来了，人类活不下去了，自由已不存在，等等。但与此同时，举个例子，翻开蒙田的回忆录，这位家喻户晓的作家生活在法国宗教混战的最高峰，那时血流成河，天主教徒残害新教徒，堡垒间强盗横行，经过者无一幸免，乡村和城市战火肆虐，路边绞刑架林立……这根本不能称为生存，因为生命一文不值。面对此情此景，蒙田写道，如果告诉他，出于种种原因，即使他想去，也不可能在印度群岛上生活，他会觉得自己受到了严重冒犯。从当代人的角度来看，这未免太可笑了些。这样的抱怨之所以可笑，是因为许多人不仅没有去印度群岛远行的机会,而且往往不可能从祖国的一个城市搬到另一个城市。

总结一下,我为什么要说这些呢?因为尽管世界末日和危机当头的论调是老生常谈,人类如今面临的压力却是史无前例的。矛盾的地方可能在于,现在艺术家尤其需要以崭新的视角看待自己和自己的职业。但是,我们也都看到了,艺术正处于非常艰难的时期,产出的都是平平无奇的东西。

想到当代艺术面临的问题,我眼前浮现的就是这幅惨淡景象。然而我认为,艺术被赋予了一个艰巨的任务。这个任务就是复兴精神性。我们可能会问:在西方及其他地方,现实主义这个词通常是什么意思?现实主义大潮中,普希金、莎士比亚、托尔斯泰、狄更斯等家喻户晓的作家创作出了伟大的作品。现实主义是人类的真实。

精神空虚很常见,几乎我们每个人都不能幸免。但是,意识到精神危机的艺术家都应该从自身做起,追求精神性。仅仅描述人类的物质形式的艺术,不能归为现实主义。我们现在说的是丧失精神性的问题,但我们至少是在谈论精神性!最近我和人聊到某位意大利画家,我说:"这幅作品象征什么？它没有一点精神内容在里面。太肤浅了！缺失了最重要的东西——人类的内在特质。"这里集中表现的精神性缺失本身就是见证——是我们精神性匮乏的惊叹号！这正是让该艺术家惊恐的危险……不过这种形式有点蹩脚，因为要展现我们的精神性匮乏，以及由此引发的故事，我们必须研究研究内心道德空洞正在扩大的人。

只有在精神层面下功夫的艺术家才能塑造出这样的形象。在海明威的小说——应该是《永别了，武器》——里，主人公向妻子遗体告别的一幕中，这位美国作家描绘了主人公内心出现的空洞。虽然只有这样一个场景，但它使读者得以想象人物内心的挣扎。作者可以描绘主人公的外在表现，但这是不够的。

我觉得现在应该谈一谈，我说的精神性这个词到底指什么。我们对这个词一点都不陌生，但精神性在艺术作品中的呈现是非常抽象的。说到精神性这个词，我首先想到的就是对所谓的生活意义的关注。这至少是第一步。会问自己这个问题的人，不会堕落到更低的层次。他们会不断提升层次。我们活着是为了什么？我们要去往何处？我们在地球上的一生——就像我们恭维他人的一样——八十年或者更长的时间里,存在的意义是什么？从来没有问过自己这些问题,或者还没有问自己这些问题的人,都是没有精神性的个体。换句话说,他们生存在和动物,和猫科动物一样的层次——动物不会问自己这些问题。

我不否认,我见过无忧无虑的小猫。我尤其喜爱吉卜林笔下的猫①。不过要是这样也可以的话,我们人类和动物又有什么区别呢？真的存在不同之处吗？或许就像我这么多年来一直被教导的那样,我们只是进化程度比较高的动物。我们和动物不同的地方在于,我们有自我意识。这意味着什么？我们把自己视为世界中心。我们觉得自己是宇宙的中心。我们似乎可以意识并感知到这些,但是出于一些原因,我们对这些现象已经见怪不怪了。

我们不仅要问自己为什么活着,还要找到这个问题

_____

① 英国作家吉卜林(1865—1936)曾著有《独来独往的猫》(*The Cat That Walked by Himself*)。

的答案。不把心力放在研究这个问题上的艺术家,算不上艺术家。决定人之为人而不是动物的关键就在于此,忽略了这个问题,他就不是现实主义者。只有我们开始研究这些问题,真正的艺术才会诞生。

我认为自己有足够的艺术品位,当然仅仅是因为我在艺术学校学习多年。我这样说只是想告诉大家,我可以从比较专业的角度评判绘画艺术。所以,我想强调的是,20世纪的绘画艺术即使巅峰之作涌现,赞美之声不绝于耳,也因缺乏精神性而存在瑕疵。当代艺术家关注的焦点都集中在某些外部问题上。他们对于风格的苦苦追求,对于归属某个流派的急切盼望,都是为了展示和售卖自己的作品。当我们想到达·芬奇的作品,当我们回忆起,比如说,皮耶罗·德拉·弗朗切斯卡,当我们想到卢布廖夫(请原谅,我会一次又一次列举这些我终生热爱的艺术家),当我们回想起伦勃朗,我们面前展现的是人类宏大的内心世界,厚重热烈,摄人心魄。总之,我的感觉是,即使是举世闻名、技艺精湛的毕加索,也未曾因为我们将去往何处、我们为什么存在这样的问题而烦扰。不要急着反驳我,毕加索研究的是完全不同的问题。

毕加索虽然绘画技巧出神入化，却完全不对我的口味。谁说他是感知当代人戏剧化生活的精神派艺术家？他在失调的世界中寻找和谐，但一无所获。碎片化是他的标签。毕加索的很多油画，多个艺术创作时期，都采用了相同的模型、相同的样式，在光影与透视方面进行多角度呈现，他似乎想要捕捉世间人类的内心，又好像在追随生命的律动。他是一个彻头彻尾的社会学家，但研究的不是精神方面。

现在我们来回想一下以"原始主义"风格著称的法国艺术家亨利·卢梭，再看看众多尝试追随这种风格的当代艺术家。你会觉得天差地别！唯一没变的只有风格，而内在世界已经失去了大家的关注。我们见面时，不会兴味盎然地谈论自己在想什么，我们活着是为了什么。我们想要望着彼此，抚摸彼此，喝酒，跳舞，做爱，但不去扰乱彼此的心神。分开时，我们不愿麻烦彼此。这是社会环境造成的冷漠。这些都在艺术中得到了反映。但矛盾的地方就是，描绘这些现象的艺术家自己丧失了精神性。

俄罗斯有一位非常著名的哲学家、神智学者、人智说学家叫伊万·伊林,他的研究方向是文化和美学。不久前我读了他的一本书,在书中发现了一些很奇怪的内容,关于艺术家、诗人和天才如何创造出自己的人民。他们的方法是,为人民赋予精神意义,好像是让他们趋于精神化。尽管书中不乏鞭辟入里的观点,但我还是无法认同伊林。我的看法恰恰相反,艺术家是人民的传声筒,应该用语言表达人民的内心和精神状态,因而传达出这些在美学意义上缄默无声之人的感受、想法和希望。我无法用其他方式来解释这种现象,因为社会当前的精神状况显然是压在艺术家身上的重担。

因此,我认为我们能选择的路径只有一条,不管这条路是好是坏,我们都别无他选:艺术家必须不负自己的才能,必须弄明白自己为什么活着。他们必须树立某些关键典型,精神和道德上的典范,帮助自己和人们取得精神上的进步。为什么当代艺术家想要快速获得工作报酬?而在不久前,也就是大约一百年前,艺术家们认为自己唯一要做的就是创作,至于自己的命运,那是上帝决定的,无须烦心。现在的艺术家要求作品马上获得经济回报。

史无前例! 夏里亚宾①在他那个时代就说过,只有鸟儿唱歌不要钱。或许这里我断章取义了,但我觉得能说出这种话的艺术家,似乎也不需要探讨他的精神性了。但是从另一个方面来看,现在艺术家想要维持生计也是前所未有地艰难。

以 19 世纪俄罗斯贵族创作的艺术为例。众所周知,陀思妥耶夫斯基生活艰辛,但是托尔斯泰、列斯科夫、屠格涅夫等一众著名作家,还在自己的庄园里怡然自得地生活和创作。简单点说,过去艺术家可以用更自由的姿态追求精神。而在我们国家现有的民主体制下,他们常常发现自己被迫通过创作来养家糊口。不过,正如安德烈·布勒东在《超现实主义宣言》中所说,生计和收入问题不能用来解释艺术家为何会变成唯利是图的人。每位艺术家都要为自己的命运负责。但是这个问题始终存在。而事态演变的后果,就摆在我们每个人面前。

在此我想重申一下自己的观点:艺术当前的状况很

---

① 费多尔·伊万诺维奇·夏里亚宾(1873—1938),俄罗斯男低音歌唱家。

大程度上取决于艺术家本人。如果我们想要保持艺术家的身份，就不该总想着金钱报酬和功成名就。

这些问题是我最担心的。当然，这只是我们所说的艺术家责任的一部分内容。艺术家的责任还包含其他方面。

人类是按照上帝的样子创造出来的，如果我们始终怀抱艺术的种子——这是每个人与生俱来的——那么我们就不应该肆意挥霍自己的才能，因为我们无权将其视为自己的所有物。如果想要清醒认识艺术家所面对的要求，我们一定要记住这一点。或许这看起来像是某种对立，就像艺术家和大众的对峙。但我们应该服务大众，不只关注某个人或某件事，也无关品位、兴趣和愿望。如果我们牢牢记住自己在这里的原因，情况多半不会变糟，因为艺术家是人民的传声筒——即使有时艺术家声嘶力竭地否认这一点。以上就是今天我想说的核心内容。虽然我们讨论的是一个具体的话题，但或许我忽略了一些尚不明确的内容。

所以，我准备好回答各位的提问了……

观众：我很清楚塔可夫斯基先生开诚布公向我们讲述的内容，以及他现在面临的问题。公众也很清楚，你强调的是"精神"方面。但我想请问，你会担心公众的反应吗？你是否关心公众能不能理解这个有关"精神"的词？

塔可夫斯基：首先，我说这些话，并不是想唤醒你们的精神性。我和大家一样，都有自己的工作范围。我不是牧师，不需要一呼百应。我也没有这样的本事。这需要与众不同的能力和天赋，而我志不在此。所以我不指望你们离开这个大厅的时候，头顶光环，被彻底改变，开始全新的生活。我的任务是促进人与人的相互理解。我觉得，让观众了解我专业方面的问题，告诉他们我最烦心的地方，这是很重要的。

所以如果你问我，有没有设想我的电影会给观众在精神方面带来怎样的影响，我至少会承认这是一个重要的问题，需要严肃回答。但你没有问这个问题，我就不回答了。今天接受采访的目的就是有一个和大家交流的机会，让你们可以更好地了解我，还有就是像同行一样，跟你们聊一聊我自己遇到的问题。如果这些问题在某种程度上引起了你们的注意，我就非常高兴了。

观众:你能不能准确定义一下精神性这个问题? 你是不是预先将其设定为对造物主或上帝的态度? 你有没有找到一些答案? 或者说作为艺术家,你是不是只把这个问题抛给了自己?

塔可夫斯基:我觉得自己是一个非常简单的人,所以我很难认同更简单的观点,比如说,与其让我相信世界永恒存在,不如让我相信在这个偶然的世界,一切物质的创造都应该先有因。如果他们想劝服我,让我相信,我出现在地球上没有原因,恕我不能接受。这太过理想化了,对于这样的矛盾我很抱歉。

至于更精确地界定我的精神性体系,之前我说过,我也会问自己,生命的意义是什么,并且努力寻找问题的答案。我工作也是为了探索这个问题。我希望塑造出一个典型,集中反映我的种种完美设想,特别是我认为的人类奋斗的方向和存在的原因。我认为关于评判自己的精神性这第一步,我已经说得足够多了。如果我们对于精神性的问题只是泛泛而谈,我们的生活就会缺少一些东西。实际上,许多人终其一生,不仅无法回答这个问题,甚至从来没有问过自己这个问题。

观众：为什么在我们这个时代，大众尤其想要缺乏精神性的艺术？

塔可夫斯基：大众不是想要缺乏精神性的艺术。总体而言，他们什么样的艺术都不想要。当然，总有观众是喜欢真正的艺术的。不过在这里，我探讨的是大众的需求，这是艺术家商业价值的基础。大众不想要任何形式的艺术；他们想要的是娱乐。

观众：你在《镜子》中突出强调了精神性这一主题。你可能也会丧失精神性，你会因此感到困扰吗？

塔可夫斯基：这是一个非常严肃的问题，毫无疑问。我们所说的丧失精神性，一定程度上是社会意义上的，不是指某个人丧失了精神性，好像钱没了或者银行账户空了一样。这一过程的表现方式是不同的：现在人们生下来的时候就没有银行账户。没有银行账户他们也活了下来。他们以一种不同的方式被养大并受教育。这个社会丧失了精神性，不是某个人的事。

如果——这里确实是假设——某人达到了一定的精神层级,他就不会丧失精神性。除非他像拉斯柯尔尼科夫[1]一样犯了不可饶恕的重罪或错误。对于认为自己达到一定精神层级的人来说,最可怕的事莫过于丧失精神性。《哈姆雷特》讲的就是这个故事。为了不和生活脱节,为了生存,为了维系与世界的物质联系,这位丹麦王子降低了自己的层次,变得和身边生活在埃尔西诺的卑劣小人一般。故事的悲剧不在于哈姆雷特之死,因为死亡于他而言才是解脱;悲剧在于一个具有精神性的人成了杀人犯。这是精神的悲剧。哈姆雷特的悲剧与古典悲剧的不同之处就体现在这里。

观众:你谈到了西方艺术家的现状,可不可以也描述一下东欧艺术家的情况和生存环境? 如果说西方艺术家生活在精神荒原上,东方艺术家又在经历什么?

塔可夫斯基:我回答不了这个问题。更确切地说,我只能拿自己来举例子,不能说其他人。假设我提到了某

---

① 拉斯柯尔尼科夫是陀思妥耶夫斯基小说《罪与罚》的主人公。

个人，某份报纸上立刻就会出现这个人的回应，说我欺骗了西方的观众。所以就像我刚才所说的，我谈论的只是我个人的问题。

我不想泛泛谈论西方精神性缺失的问题。如果大而化之地讨论这个话题，你就是把西方的精神性缺失与东方的精神性比较。但这些都不是绝对的。我不否认，在西方我曾经遇到过，将来还会遇到大批精神富足之人，但我所说的是普遍的传统，是社会发展的方向。我不会口无遮拦地说，西方社会彻底成了精神沙漠，而东欧却是精神家园。这绝对不可能是真的。但这种趋势确实存在。某种类似于精神荒原、人群孤立的倾向存在于这里，而人心团结、精神依赖的情况发生在我们中间。我对这些毫不怀疑。如果要详细说说我的情况，我所有的情况大家或多或少都知道。我就不占用各位时间了。甚至在访谈开始前发的宣传册里也有许多关于我的介绍，你们的问题可以得到充分的解答。

观众：我们其实不需要了解你的精神性，因为在电影里都能体会到。

塔可夫斯基：那我确实不知道你们想从我这儿了解什么了……

观众：或许你可以谈谈谢尔盖·帕拉杰诺夫？

塔可夫斯基：我离开苏联的时候，谢尔盖·帕拉杰诺夫刚刑满出狱，此后他经历了什么就不得而知了。我在西方听到消息，他刚刚在第比利斯的"格鲁吉亚影业"拍摄了一部电影，据说大获成功。影片以一座格鲁吉亚堡垒的中世纪历史故事为蓝本。我还没看过这部电影，但我想找机会看一下。我听说电影几乎没有做过任何删减和变动。谢尔盖·帕拉杰诺夫正在筹备下一部作品。不过我不知道具体内容。

观众：你谈到了精神性的发展和丧失，但是精神性真的可以发展吗？它到底存不存在？

塔可夫斯基：我觉得回答这样的问题很奇怪。或许你应该同那些为了精神发展而奋斗终生的人聊一聊。展现这一主题的书也是汗牛充栋，遍及世界各个角落，布满历史多个时期。所以我想请你看看这些书。不过如果你想要从我这里获得答案,我会说,人类存在的全部价值就在于利用分配给你的时间,至少从你出生时的层次向上迈出一步,走向更高的层次。这就是生命的意义。

观众:安德烈·塔可夫斯基先生,我有两个问题。第一个问题是:你觉得自己是俄罗斯东正教教义的忠实信徒吗?第二个问题与你今天精彩论述的观点有关,你的观点总让人情不自禁地联想到 19 世纪东正教思想家的观点,特别是霍米亚科夫①和陀思妥耶夫斯基。这些是不是你在苏维埃的宣传和世界观中形成的,并不是对西方世界的排异心态?

塔可夫斯基:这和西方世界有什么关系呢? 关于我自己的内在问题,我可以选择说或不说。我觉得自己是一个信徒,但我不想纠结自己的情况有什么微妙之处或者存在哪些问题,因为我的情况并非那么一目了然和简

---

① 霍米亚科夫(1804—1860),俄罗斯宗教哲学家,斯拉夫主义代表人物之一。斯拉夫主义是 19 世纪中叶俄罗斯宗教哲学的重要思潮。霍米亚科夫认为,俄罗斯民族的特性是一种普遍的全人类精神,而历史的主要目的是在东正教基础上恢复人类的精神统一。陀思妥耶夫斯基对此观点有所发展。

单清晰。所以现在我们就不过多讨论我的观点了,来谈谈斯拉夫主义吧。看到你把霍米亚科夫和陀思妥耶夫斯基放到一起来说,我心中一喜。因为你问题的答案已经有了,陀思妥耶夫斯基不是斯拉夫主义者。他甚至站在霍米亚科夫的对立面,两人在许多方面意见不一。陀思妥耶夫斯基声名极大,不宜介入甚或属于某个"运动",他在说这个词或者写下这个词时是带引号的。

我的观点和斯拉夫主义者大相径庭。在这方面,我和索尔仁尼琴有很多共同之处。至于我对西方的看法,我推测你说的是我对在西方所见所闻的反应,我如何评判这一切,当然还有我个人的回应。我在苏联接受教育,所以我的反应必然建立在我受过的教育之上。总的来说,一切顺理成章:我就是我的样子。我的内在本质决定了我的反应。但是我的问题在其他地方。我在西方逗留许久,我是任由西方的观点主宰自己的想法,我是随遇而安,还是我的感情会更深刻、更强烈?这个问题现在很难回答。不过……拭目以待吧。如果我们能活到看见出现差异,再来讨论吧。

你可能发现了,我不喜欢批判这个我生活了五十多年的国家。我不是那种看风使舵、义愤填膺地批评一方，而高歌颂扬另一方的人。两个世界间的关联非常重要。我甚至可以用至关重要来形容。这并不是简简单单的共存问题，因为我们对其的描述可能会更加惨烈和惊悚。我不想草率下结论。我一直在关注这些问题。我对这些问题的思考从未间断。但是我现在还不想谈论我的观点，我的想法还没成熟。

除了政治，这世上还有让我更感兴趣之事，当然作为艺术家，我对社会冲突和问题也感到忧心忡忡。我们无比信任政治家和政党，以至于现在职业政客已经为我们全权代劳。曾经，归属某个党派算不上什么职业特征，但是现在俨然成了一种职业！不过总体来说，我对这些都不感兴趣。因为这一切从头到脚都是破绽。最高裁判官出现了，拿走了你自由的愿望，给了你一片面包，或者把民主带给了你，然后说：这些交给我，你只要管好……简言之，职业领袖会带领我们走向繁荣，也会引导我们接近灾难边缘，如此便有人相信这条路走对了，全心全意地信任领袖。这就是我们付出的代价，为了一片面包或者所谓的西欧民主。

我不想在此深究,我只是想让你注意,我觉得这一切错得离谱。陀思妥耶夫斯基早就在书中写过这些,只不过我们不看陀思妥耶夫斯基罢了。原谅我谈到了陀思妥耶夫斯基,因为我是俄罗斯人,我爱陀思妥耶夫斯基。大家也可以脱口而出其他人的名字,一样是大名鼎鼎的人物,对西方和世界各地的文化也影响深远,但事实上在这里,陀思妥耶夫斯基最具现实意义。因此,如果你说我是在批判什么,或者对什么不理解,这仅仅是因为我不愿承认我觉得每个人都应该拒绝承认的东西:怎么可能把自己的灵魂托付给他人,在没有灵魂的情况下幸福生活,就像疯人院里有点儿疯狂的人那样……

观众:还有最后一个问题。你曾说西方艺术关注个体和自我。但如果我们问,哪位导演最关心自己的灵魂,最注意自己的问题,最关注自己的童年,那大家一定会说是塔可夫斯基。你似乎非常依恋自我。你如何区别自我反思和自我专注? 两者的界限在哪里?

塔可夫斯基:你能明白我对西方文化的态度与全体俄罗斯人,与陀思妥耶夫斯基,与整个俄罗斯文化是一样的吗？你想让我解释自我中心的问题，但是我从来没有否认过这一点。你说我在作品中自我中心的倾向明显；我不仅不会否认，我还要说这就是我的信条。这不是责难，而是事实。我探讨的就是东西方精神性的差异所在。我从没说过自己身处东方。曾经有一位在封建幕府时期声名远播的日本画家，他抛下一切，去了谁也不认识他的地方，然后隐姓埋名从事新行当，甚至形成了新的风格。我和他完全不一样。这位画家的所作所为在西方绝对不可能发生，不过我还是有点羡慕。我们肯定做不到。

采访者：我们的提问环节到此结束。安德烈，最后你还有什么想说的吗？

塔可夫斯基：我想说的刚才都已经说了。我来这里不是想扮演精神性的先和，况且在场观众的精神性可能高于我。我只是想引起大家对这个问题的关注，如果没有精神性，从前不会有艺术，今后艺术也将不复存在。但是现在我们常常发现，我们称之为艺术的东西，从本质上看并不是真正的艺术。而且这个问题比我们想象的要严重得多。这就是我希望大家关注的问题。如果我们不重视这个问题,很快我们就只能摄入本不打算吃下的东西,即使仅仅是因为厌恶而难以下咽。

"The Twentieth Century and the Artist" by V. Ishimov and R. Shejko from *Iskusstvo Kino*, no. 4 (1989): 88 – 106. Translated from Russian into English by Tim Harte.

官僚做派

安格斯·麦金农/1984 年

1984 年 7 月 10 日,周二一大早,安德烈·塔可夫斯基做出了他一生中可能最为艰难和关键的决定。在米兰的新闻发布会上,这位五十二岁的俄罗斯导演告诉大家,他向苏联当局提出书面申请,要求获准延长在西方的工作居留许可,但是没有收到答复,而且苏联政府也没有保证在他回国后提供工作机会。塔可夫斯基最近一部电影《乡愁》是在意大利拍摄的,为此,他和妻子拉瑞莎一直居住在意大利。他请求把年迈多病的岳母和年幼的儿子小安德烈接到意大利团聚,却没有获得任何官方回应。于是,塔可夫斯基,苏联这位最瞩目的当代电影导演,发现自己不得不寻求西方的庇护，被迫成了流亡者。具有讽刺意味的是，塔可夫斯基毋庸置疑是最纯正的俄罗斯人。

距离我第一次见到塔可夫斯基已经过去九个月，这段时间他明显苍老了。他的脸上起了褶子，紧紧地贴在突出的面骨上，让他的每个表情都显得更加夸张，乌黑的头发间也冒出了越来越多的白发。塔可夫斯基身材瘦小，性格腼腆，总爱挠挠头，把头发往后梳梳，扯扯胡子，拽拽耳朵，做着夸张的手势，但他现在看上去更加轻松自在。他谈到自己以前说的话，自嘲般地笑起来，脸上一下子放松了，眼睛如鸟儿般明亮。

尽管塔可夫斯基不能畅所欲言，但他依然毫不迟疑地逐一列举自己的愤懑和不平，解释自己为何——多年来被高斯影业"像群犬逐鹿般追赶"——最终毅然决定离开苏联。

两年半前，塔可夫斯基获准赴意大利工作，拍摄《乡愁》。这部电影主要展现了俄罗斯人只要离开故土——不论时间长短——就无法生存。电影完成后，按计划将在1983年的戛纳电影节放映，然而塔可夫斯基"惊奇地"发现，在高斯影业一再坚持之下，苏联正统电影代言人谢尔盖·邦达尔丘克（演员、导演，曾执导《战争与和平》和《滑铁卢战役》）将代表苏联参加电影节评审团。

"我，"塔可夫斯基说道，"非常吃惊，因为我知道邦达尔丘克不喜欢我，他无论如何也不可能容忍我——他一看到我表情就变了。因此，我给莫斯科去了电话，问他们为什么要派出一位绝对见不得我一点好的人。"塔可夫斯基得到的答复是，邦达尔丘克游说了苏联国家电影委员会主席菲利普·叶尔马什很长时间，并且已经下定决心无条件支持塔可夫斯基，竭尽全力不让西方资本主义评论家得逞。

塔可夫斯基带着强烈的预感去了戛纳，在那里他目瞪口呆：除了邦达尔丘克以外，其他评审团成员坚持要给《乡愁》奖项，而邦达尔丘克"像暴虎一样"和他们争论，"为了中伤我和我的电影，无所不用其极"。尽管如此，评审团最终还是将创意电影大奖授予《乡愁》。但是伤害已然存在，在塔可夫斯基看来，这是无法弥补的。

"邦达尔丘克的行为让我明白了高斯影业的官方态度就是全盘否定的。这让我大受打击。我觉得被背叛了。有人在我背后插了一刀。这可是一部我用来表现俄罗斯人身居国外无法生存，俄罗斯人在西方孤独无依的电影啊。这样一部明显从俄罗斯公民角度出发的电影，却惨遭高斯影业拒绝……我还是无法理解。我心烦意乱，我知道即使马上回莫斯科，我也不可能接到任何工作了。"

塔可夫斯基转而向高斯影业和苏联当局讨说法，但都无功而返。他给叶尔马什写信，向文化部部长陈述自己的情况，先后两次给安德罗波夫写信，后面又给契尔年科写过。等待他的都是死一般的寂静。当叶尔马什终于给了他口头承诺，说如果他回到莫斯科，"一切都会清楚的"，塔可夫斯基已经不愿默默承受。"他的话我一个字都不信了，他从里到外都是虚伪之人。我现在一点也不怀疑这就是精心策划的把戏，为的就是把我排除在苏联艺术圈之外。我在给他们的所有信件中都说了，如果得不到答复，我就会采取进一步的措施，而这恰恰是我不愿意做的。但最后给我致命一击的是，我从未想到我的祖国会不给我任何回应，假装我不存在……

"我无法理解。"塔可夫斯基郑重地说道，"邦达尔丘克，甚至叶尔马什，我认为他们承受了来自我的同行的巨大压力，这些我能理解，但不会原谅，可是……我的祖国——我的电影在国外非常卖座，我对于苏联来说用处还是很多的，我也致力于为苏联电影增光添彩。但我的电影从未得过苏联的奖项，也从来没有在苏联的电影节上放映过……而我也向来不是持不同政见之人，我一直觉得自己是个诗人（如父亲阿尔谢尼·塔可夫斯基一般）。我现在谈论的是我的权利。我想做的只是拍电影，但是二十年间，我只被允许拍了五部……"

躁动和不解的情绪让塔可夫斯基停了下来，他坐在椅子上，突然转身向落地窗望去。他目不转睛地看着一朵蒲公英绒球慵懒地飘落到地面，一个夺目的光圈。然后，他开始讲述一桩桩被他委婉称作"困难"的沉郁往事。

《安德烈·卢布廖夫》是塔可夫斯基对这位 15 世纪圣像画家生平的史诗级再现，这部电影被高斯影业特别委员会誉为"杰出的艺术作品"，并被选中代表苏联参加戛纳电影节。然而，就在飞机从莫斯科机场起飞前一个小时，《安德烈·卢布廖夫》被取消参评资格——并被搁置了将近六年时间。塔可夫斯基不愿道出姓名的一位苏联著名导演显然曾向中央抱怨，称《安德烈·卢布廖夫》

"违背历史、反俄、充满反动思想"。结果就是,塔可夫斯基发现自己接不到工作了,提交的每个项目都会被否决:"他们偷走了我生命中的这些时光。最终他们允许在非常有限的范围内发行《安德烈·卢布廖夫》,但没有一个人向我道歉,反而告诉我应该谢谢大家。"

《镜子》是一部具有强烈自传色彩的电影作品,其遭遇也非常相似:为了满足观众前所未有的观影热情,本来计划在莫斯科举行特别放映会,后来却以与官方庆典时间冲突为由取消,之后该电影再也没有放映过。还有许多诸如此类的事件——虽然塔可夫斯基的电影获得了名义上的发行许可,但市面上放映的常常是黑白的劣质复制品,并非精心刻制的彩色原片,而且最让人难受的是,每份复制品上都印有官方免责声明,显示电影是"禁片,不得以任何形式广而告之"。

塔可夫斯基的电影在引发敌意方面非常成功,这着实让他困惑不解。我提示道,苏联电影行业着眼于"唯物现实主义",而他的作品有时可能过于超自然,甚至弥漫着神秘色彩。他耸了耸肩,然后说,一直用来攻击自己作品的理由主要不是意识形态方面的,理由很简单,就是俄罗斯观众不想看他的电影。而这个理由与他的个人体验截然相反：作品引入苏联时，发行商纷纷向他抛出橄榄枝，争相购买；《共青团真理报》一篇未署名的文章也称《潜行者》是苏联六部商业上最成功的电影之一。

"理由总是千篇一律，"塔可夫斯基说道，"现在苏联导演到了西方就会鹦鹉学舌似的这样说——我的电影是拍给精英阶层看的。这个谎言多么赤裸裸，显然，对于我的攻击是没有真凭实据的。假如我真的给精英阶层拍电影，我很高兴看到苏联有如此多的精英，成千上万。

"似乎对我的敌意有点像动物的本能，这种敌意来自身处高位的同行，有电影导演，也有官员……我不知道为什么。"

身为莫斯科电影制片厂助理导演，其妻一直给予塔可夫斯基精神上和经济上的支持。多年以来，在他工作受阻，用他自己的话说，"一路遭遇种种障碍"的情况下，还有没有人向他施以援手？

"有两三个人给予了我很多温暖，不过只是象征性地。他们表达了自己的同情之心，但说实话没有什么用。我也不想说出他们的名字，因为可能会给他们带来麻烦……你知道，再多的困难我也可以忍受（要是没有我妻子，我完全做不到），但在我人生最艰难的时期，祖国将我拒之门外，这种恶意我接受不了。这超出了我可以忍受的范围……"

塔可夫斯基现在最担心的是他的岳母和儿子。8月7日，他儿子即将迎来十四周岁生日。（"安德烈问，"他的口译解释道，"他能不能通过你们的杂志祝儿子生日快乐。"）"我们准备给他们发送邀请，因为根据国际及苏联法律，必须保护家庭关系，所以我有望很快见到他们。"目前，塔可夫斯基还没有被正式剥夺苏联公民身份，但他也坦言，这是早晚的事。同时，他的政治庇护申请也在处理之中，当然，他拒绝透露向哪个国家提交了申请。

面对困境，塔可夫斯基坦然接受，并称之为"戏剧性事件，是众多被迫离开苏联之人的悲剧"。苏联不愿遵守赫尔辛基协议，拒绝保障出入苏联的自由，这在塔可夫斯基看来是"一个可怕的、骇人听闻的错误……如果苏联政府遵守协议，我确信几乎所有人都会回来。我简直想象不出以后在这儿要如何生活。我真的说不准能不能应对这一切，也不知道当一切风平浪静后，我还能不能重新振作起来"。

谈到自己的作品，塔可夫斯基就没有那么多不确定了："现在非常明了的就是，我的作品会呈现新的特色，我觉得甚至在《乡愁》中就可以发现这种转变。我此前的电影都是创造性的；我以专业导演的身份拍摄了这些作品，我和电影是分隔开的。而《乡愁》则不同，它完全再现了我的心理状态。电影讲述的是我的所作所为。我真的不想再看一遍了——就像生病的人不愿看到自己的 X 光片一样。"

尽管如此，塔可夫斯基在拍摄《乡愁》时，还远远没有想到要留在西方这个问题。"我从来没有想过这些。不过第一次从头到尾看完电影后，我非常恐惧。影片所营造的场景，几乎就是我成长的环境，我不知道自己在做什么。"尽管《乡愁》成功地将塔可夫斯基的奇特幻想移植到了意大利："是的，风格统一，我想展现的世界——这就是我的世界，我不会怀疑自己是在非洲或者中国拍的，很明显，电影出自俄罗斯艺术家之手。这是自然而然的事情。如果不是这样，那只能说明我不存在，存在的只是我作为导演构建的外部环境……世界上的导演分为两种：一种展现个人世界，一种试图重建目之所及的世界——而我属于前者。"

实际上，在塔可夫斯基的数个拍摄计划中，第一个落地的是《牺牲》。电影后来由瑞典电影学院（Swedish Film Institute）制作，在瑞典的哥特兰岛拍摄，主演是厄兰·约瑟夫森，也就是《乡愁》中避世隐居的多米尼克的扮演者。

"我现在非常期待在瑞典工作，我觉得那是个美丽迷人的地方。那里广阔空灵，一望无垠（笑），一马平川，以至于我开始怀疑自己没有权利在那里拍电影，一直害怕自己没有准备好充分的主题和素材。但是本质上说这是件美事，因为这就是我心之所向——运用极简抽象艺术是所有艺术家的梦想，因为我们都是以上帝的形象创造出来的，我们的创造力与上帝同在。我们需要的就是这些。你看，通常你拥有的素材比需要的还多，这比素材不够还糟糕。"

《牺牲》的核心人物曾是个演员，后为艺术著书立说，诉说"自己内心对世间万物的责任感，如何承受人世间的种种不安和责难，为拯救众生而放弃自己的幸福……"就像是《乡愁》里的多米尼克？"是的，有点像，不同之处在于，这位主人公是真的准备拯救所有人。"要把大家从哪里拯救出来？世界末日吗？"是战争，核战争——尽管现在核战争和世界末日几乎可以画等号，而且这种战争可能会引发我们在《启示录》中读到的末日预言，甚至造成更为严重的后果……

"如果人类，"塔可夫斯基依旧语速飞快，转向了他最热衷的主题，"做好准备，有可能会躲过世界末日，不过我个人认为人类不想为此做准备。现代人根本认识不到这些。是的，我说的就是精神危机：我们需要对抗全球范围内的精神性缺失问题，所以世界末日本身，可以说就是在创造一种精神平衡……"因为迫在眉睫？"是的。"塔可夫斯基一边微笑，一边斩钉截铁地答道。

说到现代生活的精神领域，我引用了《世界报》的一篇报道：塔可夫斯基说，西方在精神领域是匮乏的。"我的意思是，西方日常的福利、平静和舒适，这种物质上的满足，让人变得因循守旧，希望守住自己的既得利益。圣约翰在《启示录》中谈到了'不温不火'的状态——他说冷或热都比'不温不火'的状态强……

"不过，"塔可夫斯基进一步解释道，"我不是指责任何人或事，我对于西方的了解也不甚全面，尽管从精神方面来说，这里的环境让人窒息，好像在外太空或者高山上一样。我也不是说，为了实现社会的精神富足，就要承受来自上层的巨大压力——这就太疯狂了——不过我发现，这里人们的交流方式不同于俄罗斯。

"在俄罗斯，人们相见会带来快乐，这是一种奖赏，人们彼此心存感激……而在这里，似乎大家都想分得清清楚楚，划清自己的边界。不过我非常喜爱意大利，这个国家很特别。这里的人善于言谈，乐于交际。这些在费里尼的电影中得到了淋漓尽致的体现。

"但我现在还是有点漂泊无依的感觉，我想起了失去联系的心爱之人。实际上，我非常不喜欢大城市的喧嚣。如果能选择，我想一辈子都住在农村。"塔可夫斯基又耸了耸肩。一想到这里，他开心地笑了。

被迫流亡国外的安德烈·塔可夫斯基会不会接受自己在异国他乡的所见所闻，会不会继续发挥他尊为天赐的创造力，还需拭目以待。很大的可能性是，尽管他忧心忡忡，但塔可夫斯基坚若磐石的宗教信仰，会给予其坚定的超自然世界观源源不断的动力和支持。塔可夫斯基毫不掩饰对祖国及其成就的自豪之情,愤世嫉俗者可能会嗤之以鼻,甚至认为过于天真,但他们忘记了受苏德战争影响的俄罗斯人具有的情感力量。无论丢掉什么,塔可夫斯基都不会丢掉这种忠诚,这是他心目中信仰的另一种模样。

同样,塔可夫斯基也不该被视为落伍之人。恰恰相反,他的美学、扣人心弦的抒情风格,以及作品的共情魅力,无不继承了俄罗斯的艺术传统。人们一方面尊俄罗斯艺术传统的伟大开创者为圣人,另一方面又想尽办法斩断传统延续的脉络。而在有远见之人面前,官僚主义的暂时性胜利战战兢兢,演变成了不可理喻的报复——就像塔可夫斯基本人的悲剧一样。

"Red Tape" by Angus Mackinnon from *Time Out* (London),9 - 15 August 1984,20 - 22.

电影导演的僧侣诗人画像

劳伦斯·科塞/1986 年

《伊万的童年》

劳伦斯·科塞（以下简称科塞）：你的第一部电影《伊万的童年》为什么要选择这个主题？

安德烈·塔可夫斯基（以下简称塔可夫斯基）：这部电影的故事说起来有些奇特。起初莫斯科电影制片厂拍《伊万的童年》的时候，用的是另一个导演、另一组演员和制作团队。这个团队电影拍了一大半，经费花了一大半，但是结果让人不甚满意，于是莫斯科电影制片厂决定终止拍摄。政府开始寻找其他导演,先征求了知名导演的意见,然后又问了一些名气平平的。所有人都拒绝接拍这部电影。而我刚刚结束在莫斯科电影学院的学习,完成了毕业电影《压路机和小提琴》。在接受这个项目前,我提出了一些条件。我准备再读一下剧本原作——弗拉基米尔·波戈莫洛夫的小说,以便写一个全新的剧本。之前拍的镜头我一个都不看;最后,我要求换掉所有演职人员,从零开始拍摄。"好的,"他们告诉我,"但是你只有一半的经费了!""如果你们同意让我用自己的方式拍,我可以接受只有一半经费。"我回答。于是就这样定下来了。

科塞:那就是说除了主题外,《伊万的童年》全部出自安德烈·塔可夫斯基?

塔可夫斯基:是的。

科塞:但是这个主题也非常贴近你的经历。"二战"期间,你的年纪和小伊万差不多。

塔可夫斯基:我的童年经历和伊万的童年有非常大

的不同,战争把伊万变成了成年人、战斗者。但是,所有
与我同龄的俄罗斯男孩都处于水深火热之中。要说我和
伊万之间的关联,那就是提醒大家,那个时代还有无数和
伊万一样的俄罗斯儿童饱经磨难。

科塞:1962年,《伊万的童年》在威尼斯上映,被视为
对战争和历史的深刻反思……

塔可夫斯基:这部电影确实反响热烈,但评论家对电
影的解读完全搞错了方向。每个人都在解读故事,解读
叙事手法,解读电影人物,但这只是一位年轻导演的处女
作,在我看来,应该从诗意作品的角度来理解,不能从历
史的角度解读。比如,萨特与意大利左翼的批评意见针
锋相对,但准确地说,他是从哲学角度为电影辩护的。我
认为这不是有效的辩护。我希望从艺术角度,而不是意
识形态的角度为电影辩护。我不是哲学家,我是艺术家。
在我看来,萨特的辩护是徒劳无功的。他试图从自己的
哲学角度评价电影,而我——安德烈·塔可夫斯基——
作为艺术家,却被丢在一边。这样一来,大家关注的就是
萨特,而不是艺术家了。

科塞：萨特对于《伊万的童年》的解读（战争制造恶魔，毁灭英雄）并不是你的本意？

塔可夫斯基：我不反对这种解读。我完全同意这种看法：战争让英雄亦成了受害者。战争里没有胜利者。你赢得战争的同时，也输了。我不否认这种解读，我质疑的是这一系列论战：太注重概念和价值观，艺术和艺术家反而被忽略了。

《安德烈·卢布廖夫》

科塞：这部电影是怎么孕育出来的？

塔可夫斯基：很简单。有天晚上，我和康查洛夫斯基还有一个朋友一边喝酒，一边聊天。这位朋友说："为什么不拍一部关于卢布廖夫的电影呢？我是演员，我可以演卢布廖夫……古俄罗斯、圣像画，多好的主题……"一开始我不以为然，甚至对这个想法是抗拒的，觉得离我的世界太远了。但是第二天早上，我又决定拍这部电影了，而且和康查洛夫斯基开始了构思。这个项目就是这样定下来的。幸运的是,世人对卢布廖夫的生平知之甚少,给了我们完全自由的发挥空间,这对我来说是头等重要的事。

科塞:从弗拉基米尔的洗劫到铸钟,所有片段都是你选择并构思的吗?

塔可夫斯基:这些都是杜撰的。当然在杜撰前,我们也做了很多研究,读了很多资料。可以说我们在历史允许的范围内,虚构出了安德烈·卢布廖夫的生活。

科塞:那这部电影就成了非常具有个人色彩的电影……

塔可夫斯基:我觉得我的作品没有哪一部是没有个人色彩的。

科塞:那电影的核心问题,即创作者因为受制于恶而背弃自己的创作,这个主题也是你的想法吗?

塔可夫斯基:当然。除了卢布廖夫的几幅圣像画,我们没有关于他的任何记录。在他的创作生涯中,有一个重要的空白时期,这一时期没留下任何创作痕迹。我想把这段空白解读为拒绝,当然如果有其他合理的解释——比如说那段时间卢布廖夫在威尼斯——也不会让我大跌眼镜。或许弗拉基米尔大教堂被毁一事对他没有产生任何影响。我创造了一种版本的卢布廖夫,我也接受其他版本的。

科塞:《安德烈·卢布廖夫》探讨了邪恶盛行的世界里艺术的合法性。为什么要在满是罪恶的世界创造美?

塔可夫斯基:世间的罪恶越多,我们越有理由去创造美。当然,在这种情况下创造美难上加难,但也更有必要。

科塞:这样它就算不上什么艺术了?

塔可夫斯基:"什么艺术"是指?

科塞:契合上帝关于世界的意旨的艺术?

塔可夫斯基:只要人类存在,就有创作的本能。只要人想活得像个人样,就要创造些什么。这就是他与造物主之间的联系。什么是创作？艺术有什么用处？答案总离不开这句话："艺术是祈祷。"一语道破所有。人类通过艺术传达自己的希望。没有传达希望，或者本质上没有精神性的东西，都不是艺术，充其量是精彩的智力分析。比方说，毕加索的所有作品在我看来都是智力分析的产物。他运用分析能力，画下自己的聪明才智构建出的世界。尽管毕加索声名显赫，但我必须说，我认为他没有达到艺术的境界。

科塞：艺术假定世界是有意义的吗？

塔可夫斯基：我重申，艺术是一种祈祷的形式。人类必须靠祈祷才能活着。

科塞：许多人觉得《安德烈·卢布廖夫》是向当下苏联发出的呼告，因为电影旨在重塑俄罗斯古老的精神创造力。

塔可夫斯基：可能是这样，但这不是我关心的问题。我也不是向现在的俄罗斯呼告。此外，我的愿望也不再是向俄罗斯人民表达什么。那种预言式的姿态——"我想告诉我的同胞""我想告诉世界"——我再也不感兴趣了。我不是预言家。上帝赋予我成为诗人的潜质，就是让我和教堂里的信徒不同，是换一种方式祈祷。我不能也不想再说别的了。如果西方人在我的电影里发现我想要向俄罗斯人民传达什么，那不是我的问题，而是他们双方需要解决的问题。我个人唯一关注的就是工作，只有工作。

《索拉里斯》

科塞：索拉里斯星上，凯尔文见到了已离世三十年的妻子。这段不可能存在的浪漫情缘，是不是你创作的唯一的爱情故事？

塔可夫斯基：爱情故事只是电影的一个方面。或许实际上，凯尔文在索拉里斯星的目的只有一个：展现爱是所有生命都必不可少的。没有爱的人不可称之为人。整个"索拉里斯星的"故事就是为了表现人类必须有爱。

科塞：这次探险，一开始像是科幻小说，但总体上看还是精神之旅。

塔可夫斯基：这趟旅程几乎可以说是一个人的探险，是在他的意识中发生的。我本来准备根据斯塔尼斯瓦夫·莱姆的小说改编，但不涉及真正的太空旅行。这样的安排肯定会更有趣，不过莱姆没有同意。

科塞：宇宙中让你感兴趣的，用你自己的话来说，就是"能冲破这一切的人"。这也是一种从星际旅行中脱身的方式。

塔可夫斯基：你说的很对。

科塞：这里的宇宙是不是与之后《潜行者》中的"区"非常相似，都是涤罪的隐喻？在那里，人只想实现一件事，就是改变自己？

塔可夫斯基：我认为，即使没有涤罪，生活的全部重心也只有一个主题：改变自己。人类毕生的目标就是实现这种改变。不过涤罪也是必需的，它能让我们平静下来，从痛苦中平复。但我不排除在地球上涤罪的可能……

《镜子》

科塞:《镜子》让法国人想到了普鲁斯特的世界,回忆的世界。

塔可夫斯基:于普鲁斯特而言,时间不只是时间。而对于俄罗斯人来说,这些都不是问题。我们俄罗斯人必须保护自己。而普鲁斯特需要的是宣传自己。聚焦童年和青春回忆,尝试清算自己的过去,表达某种意义上的忏悔之情,是俄罗斯文学的厚重传统。

科塞:《镜子》也是这样的电影吗? 是这种文学体裁的复兴之作?

塔可夫斯基:是的。实际上,这部电影在俄罗斯观众间引发了广泛讨论。某日,人们在电影放映后组织了一场公开辩论。人们唇枪舌剑,滔滔不绝。一直到半夜,一位清洁女工来打扫放映室,准备把我们赶出去。她之前也看过《镜子》这部电影,不明白为什么我们要就此展开如此长时间的辩论。她告诉我们:"电影很简单啊,有个人生病了又害怕死。他在一瞬间回忆起过去给别人带来的种种痛苦，他希望弥补过错，请求原谅。"这个朴素的女人完全理解了电影，抓住了其中忏悔的主题。俄罗斯人总是活在当下。这样的主题在文学作品中比比皆是，朴素之人都能很好地体会。从这个意义上来说，《镜子》有点像是俄罗斯人的历史，是他们忏悔的历史。而放映室里的批评家们，对这部电影可以说是一窍不通——他们研究得越多，理解得越少。这个没上过什么学的女人，用她的方式告诉了我们一个真相，俄罗斯人民骨子里固有的真相。

《潜行者》

科塞：潜行者是一个神秘的人物，他是谁？

塔可夫斯基：电影讲述了一个以实际行动践行自己的追求之人的故事。然而，他比较理想主义，有点像守卫精神价值的骑士。主人公与堂吉诃德和梅诗金公爵走上了同样的道路，他们都是我们称为"理想主义者"的小说人物。也正因为是理想主义者，他们在现实生活中才会接连败退。

科塞：我们可以把他们称为"基督般的人物"吗？

塔可夫斯基：某种程度上是的。在我看来，这些人物展现了弱者的力量。电影表达了人对于自身创造出的力量的依赖。力量最终摧毁了他，而弱势成为仅有的力量。

科塞：人要怎么做才能感受到弱者的力量？

塔可夫斯基：这不是重点。信仰坚定之人做出的举动可能荒诞不经，一点也不合乎常理，或者没有经过深思熟虑。我认为，精神性总是已经超越有意识的行为。"荒诞"和"错乱"的举动是精神性的最高级形式。

科塞：我们称其为"无端的行为"。

塔可夫斯基：是的，不过这些行为不是无缘无故的。这样做是为了逃离今日之世界，这个世界建立起来后，就无法产出精神富足之人。最重要的是指引这些行为的东西，这种力量引领他偏离正常，让他变得荒诞不经、愚蠢可笑，也让他看到了自己的特立独行、精神性。这种无意识的力量就是他的信仰。

科塞："区"就是有信仰的地方吗？

塔可夫斯基：经常有人问我"区"代表什么。我只有一个答案："区"并不存在，它是潜行者自己虚构出来的，目的是把不快乐的人带到那里，把希望带给他们。欲望之屋也是他创造出来的，是物质社会的又一产物。它在潜行者的精神里被构建，是信仰的一种表现。

《乡愁》

科塞：《乡愁》是什么主题？

塔可夫斯基：无法生存，不得自由。比如说，如果给爱加上限制，人会变得狰狞；同样，如果给精神生活加上限制，人会伤痕累累。有些人对此的感受更为强烈，并且想要全身心地奉献自己。他们把自己奉献给其他人，以此拯救这个缺爱的世界——这就是牺牲的内涵。如果有人发觉当今世界给爱和天赋戴上的枷锁，他必然会陷入痛苦之中。《乡愁》的主人公因为无法与任何人成为朋友、无法维系友谊而痛苦。但是,他遇到了一位和他同样痛苦的朋友——疯子多米尼克。

科塞:乡愁也属于这种痛苦吗?

塔可夫斯基:乡愁是一种完整的、总体的感觉。换句话说,即使身在祖国,在最亲近的人身边,也有可能感受到乡愁。即使身处幸福国度,拥有和美的家庭,人也可能品尝乡愁之苦,原因很简单,他觉得自己的灵魂被禁锢了,不能随心所欲地发展。乡愁是面对这个世界的无力感,是无法向他人传达自己的精神性的痛苦。《乡愁》的主人公就是被这种痛苦压倒了:他结交不到朋友,与朋友无法交流,因此饱受折磨。这位主人公说,"我们必须摧毁边界",这样整个世界的精神性才能自由顺畅地发展。他的痛苦,更笼统地说,源于其个性与现代生活的格格不入。世界之苦难让他不能开心颜。他肩负世间种种苦难,又希望超脱于世外。他的问题很大程度上是同情心的问题。他的所有痛苦都源于此:他不能把自己的同情心完全具象化。他想要和世上的其他人一起受苦,却不能完全做到。

科塞：为了战胜这种痛苦，你为主人公提供了什么解药？

塔可夫斯基：人必须相信自己的本源、自己的根，知道自己从哪里来、往何处去、为什么活着。换句话说，就是始终要抱有对造物主的依赖之情。如果将造物主的概念抛诸脑后，人类就和动物别无二致。人类独一无二的特性在于其依赖感，他赋予自己感受依赖的自由。这种感觉就是通向精神性之路。人类的幸运之处在于孜孜不倦地探索通向精神性之路。人类除了依赖外别无选择，因为这种对造物主的信仰，这种作为高级生物的谦卑感，拥有拯救世界的力量。人的一生从始至终都要保持服从。这样的关系非常简单，就像孩子与父母之间的联结。人必须承认他人的权威性。正是这种崇敬、服从，赋予了人类内窥自我的力量，成就了他们内省、沉思的格局。这就是我们所说的祈祷（在我看来，也符合东正教的传统），我在电影和艺术作品里也采取了同样的形式。但是我离这种理想的祈祷还差得远。

科塞：也就是说，你对上帝的信仰和对艺术的信仰是相互交融的？

塔可夫斯基：艺术是创造的能力，是造物主姿态的反映和镜像。我们艺术家只是在重复，在模仿造物主的姿态。艺术是弥足珍贵的时刻，其间我们和造物主如此相似。因此，我从不相信艺术可以独立于至高的造物主而存在，我不相信没有上帝的艺术。艺术的意义是祈祷，这是我的祈祷。如果我的祈祷、我的作品，能让人信仰上帝，那就更好了。我的人生就该具有这样的意义，这是"服务"的真谛。但我的做法从来不是硬生生的：服务不是强占。

科塞：艺术如何才能着重实现"服务"这一目标？

塔可夫斯基：这就是神秘——创世的神秘——之所在。当某个人在圣像前跪下祈祷，他会找到合适的词句来表达对上帝的热爱，不过这些词句也是神秘的。同样，当艺术家发掘出了人物和故事，他也是在祈祷。他借创作与上帝交流、相融，他找到了合适的词句。创世的神秘就源于此。在这里，艺术是一种恩赐。如果艺术是恩赐，那它只能用来"服务"。

科塞：那么你的电影是对造物主之热爱的表达吗？

塔可夫斯基：我希望是这样。不管怎么样，这是我努力的方向。我的理想是一以贯之地用这种恩赐来创作，就像巴赫运用天赋报偿上帝一样。

"Portrait of a Filmmaker as a Monk-Poet" by Laurence Cossé from a broadcast on *France-Culture*, January 7, 1986. Translated from French into English by Susana Rossberg.

深井里的一缕微光？

托马斯·约翰逊/1986 年

托马斯·约翰逊（以下简称约翰逊）：大家有一种感觉，你对人类很失望。看了你的电影，大家几乎都会为生而为人感到羞愧。在深井下还有一缕微光吗？

安德烈·塔可夫斯基（以下简称塔可夫斯基）：说什么乐观悲观挺愚蠢的。这些都是毫无意义的概念。那些为自己披上乐观外衣的人都带有政治或意识形态的目的。他们不想显露自己的真实想法。就像古俄罗斯谚语说的那样——悲观主义者都是深思熟虑的乐观主义者。乐观主义者在意识形态上是狡猾的，精于做戏，虚情假意。相反，胸怀希望才是人之本义。这是人类应有的状态。希望是人与生俱来的。面对现实，人不会因为希望不合理而丧失希望。希望不需要合乎任何逻辑。德尔图良说得很对："因为离谱我才相信。"希望往往生长于现实生活中最肮脏卑劣之处。道理很简单，因为恐怖和美丽一样，会让信仰者产生希望。

约翰逊：人生中有哪些让你印象深刻的梦境？你会幻想吗？

塔可夫斯基：我从梦境中知道了很多。梦对我来说非常重要，不过我不喜欢把梦公之于众。我可以告诉你的是，我的梦分为两类。一种是预言式的梦境，来自遥远的超验世界。还有一些杂乱无章的梦境，是我与现实世界的接触中产生的。预言式梦境出现在我入睡之时，当我的灵魂从尘世中抽离，上升至高山之巅。人一旦远离平庸的日常生活，便会慢慢觉醒。在觉醒时刻，他的灵魂依然是纯粹的，梦境中的画面也是寓意深刻的。正是高处的这些画面让我们自由。不过问题在于，很快它们就会和稀松平常的画面混杂在一起，难以分辨。这里我们能确定的就是，时间是不可逆转的。这让我相信，时间和空间只可能以物质形态存在。时间不是客观存在的。

约翰逊：你为什么不喜欢《索拉里斯》？因为它是你所有电影中唯一不伤感的吗？

塔可夫斯基：我认为电影淋漓尽致地展现了意识的主题。问题在于，电影里出现了许多伪科学的小玩意儿。绕轨运行的空间站、技术都让我很恼火。在我看来，现代科技发明就是人类犯错的标志。现代人一门心思地盯着物质进步、现实的实用意义。他就像不知道要去捕食什么的食肉动物。人类对于超验世界的兴趣已经消失殆尽。现在人类正慢慢变成像蚯蚓一样的生物：前面吞下吃食，后面拉下星星点点的排泄物。要是哪天地球不见了也不必吃惊，那就是人把地球都吞食干净了。如果飞向太空只是想逃离人类面对的基本问题——精神与物质世界的和谐统一——那么到了太空又有什么用呢？

约翰逊：你如何看待现代主义？

塔可夫斯基：我就像一个双脚分别踩在两条船边缘的人。一条船要往前开，另一条要向右开。渐渐地，我意识到自己正在落入水中。人类现在就处于这样的位置。如果人类意识不到他在自欺，我认为人类前途会一片黯淡。不过我知道，人类迟早会意识到这一点。他不可能像血友病患者一样，因为睡觉前抓破了自己，在睡梦中流血而亡。艺术应当提醒人类，他是一种精神存在，是广阔无际的精神体的一部分，而这个精神体也是其最终归宿。如果他对这些问题感兴趣，哪怕只是问一问自己这些问题，他就已经在精神上得到了救赎。答案是什么不重要。我知道，人类一旦开始问这些问题，他就不可能继续按照以前的方式活着。

约翰逊：挺奇怪的，喜欢你电影的人，也是斯皮尔伯格科幻小说的粉丝。他也深受孩子们喜爱。你有没有看过他的电影？你觉得怎么样？

塔可夫斯基：问出这个问题，说明你完全不知道自己在说什么。斯皮尔伯格、塔可夫斯基……这些对你来说都是一样的。大错特错！世界上有两类导演。一类导演把电影视为一种艺术形式，他们会问自己关于个人的问题，会把拍电影当成磨炼，当成恩赐和义务。而另一类导演则把电影当作赚钱的工具。比如说《E. T. 外星人》这种商业电影，从故事设计到拍摄，都是为了最大限度地取悦观众。斯皮尔伯格借这部电影达成了目标，自己也名利双收。我的目标从来不在于此。对我来说，这些都索然无味。举个例子，莫斯科有一千万居民，包括游客，但是只有三座古典音乐厅：柴可夫斯基音乐厅、莫斯科音乐学院大音乐厅和小音乐厅。地方很小，但足以满足每个人的需求。迄今为止还没有人说，音乐在苏联生活中已经不再占据一席之地了。在现实中，已经问世的这些伟大的精神艺术和神圣音乐作品已绰绰有余。在我眼中，流行艺术不伦不类。毕竟艺术是高贵的。音乐艺术也只能保持高贵，因为其诞生表达了大众的精神境界——他们无意识中趋向于此。如果每个人都能理解艺术，那么杰作就会像田地里的杂草一样随处可见。也就不存在能力上的差异，不会促使大家争先恐后地挖掘潜能。

约翰逊：但是你在苏联非常受欢迎。要看你的电影得抢票。

塔可夫斯基：其一，在苏联，我是一个被禁的导演，这会引起观众的好奇。其二,我认为自己试图传达的主题都源于灵魂深处,对我、对其他人来说都是至关重要的。其三,我的电影不是个性的表达,而是祈祷。我拍电影的时候,如同过圣日一般。就好像我是在圣像面前燃起一支蜡烛,又好似在其面前献上一束鲜花。如果你告诉观众的皆发自肺腑,他们最终也都会理解。我不会在语言上故弄玄虚,来展现更简单、更愚蠢,或者更聪明的效果。缺乏真诚会毁掉整个对话。时间已经向我证明了。当观众明白我说的都是朴素的语言,我没有装腔作势,也没有把他们当作傻瓜,而是直抒胸臆,他们就会对我拍的东西感兴趣。

约翰逊:索尔仁尼琴说,西方世界已经无药可救,东方才有真实可言。对此你怎么看?

塔可夫斯基:我的看法与这些预言恰恰相反。作为一名东正教徒,我把俄罗斯视为自己的精神家园。我绝对不会背弃自己的祖国,即使我再也不能回国。有人说真相来自西方,也有人说是东方,但幸运的是,历史总是惊喜不断。在苏联,我们正目睹精神和宗教的觉醒。这当然是好事。但要找到第三条道路,还有很长的路要走。

约翰逊:死亡的另一面是什么?你有没有觉得自己曾经去过那里?你想象中是什么样子的?

塔可夫斯基:我相信一件事:人类精神是永恒不朽、无坚不摧的。那里可能千姿百态,但不管是什么样子都不重要。我们所说的死亡不是生命的终结,而是重生。毛虫作茧。我觉得死后的生活才是令人不安的。要是把自己想象成拔掉的电话线就简单多了。那你便可以随心所欲地活着。这种情况下,上帝也就无足轻重了。

约翰逊:你是什么时候发现自己有使命需要完成,发现这是你对人类应尽的责任?

塔可夫斯基:这是对上帝的责任,其次才是对人类的。艺术家收集并提炼人民的观点和看法,他为人民发声。除此之外要做的就是工作和服务。这种责任决定了我的美学和道德站位。

约翰逊:如果即将离开尘世,你最后想要和人类说些什么?

塔可夫斯基:我想说的核心内容都在电影里了。我绝对不可能登上不是为我而建的讲坛。

约翰逊:你在《雕刻时光》里写道:"在西方,人们不停地呐喊:看,这就是我!看我多么痛苦!看我爱得多深!我!我!我!……"作为著名艺术家,你如何解决自我中心的问题?

塔可夫斯基:我还没有解决这个问题。不过我一直觉得自己骨子里埋藏着东方文化的影响,受到了东方文化的熏陶。在东方文化中,人要为一切存在献出自我。而在西方,展示自己、证明自己才是重点。我觉得这可悲、天真,像是没有开化的动物,精神性和人性都不足。从这种意义上来说,我越来越东方化了。

约翰逊:你为什么要放弃拍摄《霍夫曼尼娜》?

塔可夫斯基:我没有放弃这部电影,只是把它推迟了。拍摄《牺牲》更为重要。《霍夫曼尼娜》注定是一部浪漫电影。浪漫主义是典型的西方现象,是一种病态。暮年之人回首青春，就好像浪漫主义者眼观生活。浪漫主义时期精神富足，而浪漫主义者却不知如何恰如其分地运用自己的能量。他们给事物披上美丽的外衣，所作所为与我认为自己还不够好的时候如出一辙：我虚构自我，我不再创造世界，而是编造世界。

约翰逊：为什么说"太初有道"？《牺牲》恰好以此结尾。

塔可夫斯基：这个词被误用了。只有所言不虚，"道"才能发挥神奇魔力。如今这个词总是被用来掩饰思想。非洲有一个不知谎言为何物的部落。白种人试图向他们解释，但他们还是不能理解。要是能弄明白这些灵魂的神秘之处，你就会明白为何"太初有道"。这个词的状态展示了世界的精神状态。现在这个词与其意指之间的鸿沟日渐加深。非常奇怪。真是个谜！

约翰逊：我们是不是正在接近世界末日，或这个世界的尽头？

塔可夫斯基：核战争？连撒旦都不能从中获利。这就像小孩玩火柴把房子烧了。我们甚至不能谴责这是故意纵火。从精神上来说,人类还没有做好准备在核爆炸的时候保命。他们还不够成熟。人类应该潜心研究历史。如果说我们曾从历史中学到过一件事,那就是它什么也没教会我们。这个结论太悲观了。人类总是一再重蹈覆辙。可怕。这是又一个谜!我认为我们需要从事一些非常重要的精神活动,以实现更高水平的历史传承……最为关键的就是获取信息的自由;人类应该在不受任何限制的前提下获取信息。这是唯一的方式。没有限制的真相是自由的起点。

"A Glimmer at the Bottom of the Well?" by Thomas Johnson from *Nouvelles Clés*, October 21, 2003, from a previously unpublished interview conducted on April 28, 1986. Translated from French into English by Deborah Theodore.

只有信仰才能拯救人类

夏尔·H. 德·布朗特/1986 年

塔可夫斯基拒绝了包括法国媒体在内的诸多国际媒体的采访邀约，却非常意外地接受了《法兰西天主教》杂志抛出的橄榄枝。在刚刚结束的戛纳电影节上，他凭借电影作品《牺牲》一举将四项大奖收入囊中：评审团奖、最佳艺术贡献奖、国际影评人奖和天主教人道精神奖。通过该杂志，塔可夫斯基希望向所有为他及其家人在法国生活提供帮助的人表示感谢。此时他正在养病，重病让这位电影导演猝不及防，未来人生的种种安排、原本正准备签署的新合约都被打乱了。因为疲惫，他不能一一与自己想见的人见面。

塔可夫斯基穿着一套家居服，躺在床上，四肢舒展，床前是一个小壁炉，他心满意足地点上了火。此时我们正在巴黎第十七区，夜幕降临，我们即将尝试走进塔可夫斯基的"秘密花园"，然后发现它仍是"金瓯无缺"。这或许是令人欣喜的。

夏尔·H. 德·布朗特（以下简称德·布朗特）：有些人曾就你的作品，特别是《牺牲》中错综复杂的基督教主题提出质疑，比如说电影中吟诵"天父"的情节，以及"善良女巫"玛利亚等具有异教色彩的古老设定。这些都让观众产生了困惑……你算不算基督教电影导演？

安德烈·塔可夫斯基（以下简称塔可夫斯基）：我觉得搞清楚我信奉哪个教派，是异教徒、天主教徒、东正教徒，或者就是基督教徒，真的不重要。重要的是作品本身。我认为，最好能从宏观的角度来评判作品，而不是和某些人一样，在我的作品里四处搜寻矛盾的地方。艺术作品并不总是艺术家内心世界的反映，特别是在一些细枝末节上。不过两者之间确实存在逻辑关联……当然也会有与艺术家个人信仰相反的情况。

同时，我在执导这部电影的时候，也非常确定它应当面向所有类型的观众。

我很小的时候，曾经问父亲："上帝存不存在？"他的回答非常巧妙："对于不信教的人来说，不存在；对于信教的人来说，存在！"这个问题非常重要。

谈到这里，我还想说，电影可以有不同的解读方式。比如说，对各种超自然现象感兴趣的人，会研究邮差和女巫之间的关系，以此探究电影的意义，因为他们认为这两个人物的举动是影片核心。信教者会格外关注亚历山大向上帝的祈祷，因为他们觉得整个电影都围绕这个展开。此外，还有第三类观众，他们没有任何信仰，在他们看来，亚历山大有点毛病，他因为战争和恐惧变得心理失衡了。由此可见，不同类型的观众都会按自己的方式理解电影。我的想法是，赋予观众自由，让他们按照自己内心的价值观来解读电影，而不是强加给他们我的观点，这是非常必要的。因为我的目的是展现生活，呈现形象，现代人灵魂的悲剧性、戏剧性形象。总之，你能想象出不信教的人拍出来的电影是什么样吗？我想象不出。

德·布朗特：也有观众质疑人物信仰的真实性。他们信仰的核心是什么？比如说，亚历山大的信仰中是不是缺了什么，否则他可能不会疯？

塔可夫斯基：就我个人来说，我不认为亚历山大是疯子。当然肯定会有一些观众认为他疯了。我的想法比较简单，我觉得他处在一种非常艰难的心理状态。他代表了我心目中某种特定类型的个人。他的内心世界呈现出这样一类人的状态：很久没去过教堂，可能在一个基督教家庭中受教育长大，但不想按照传统方式信仰上帝，或者可能根本就不相信上帝。我可以想象，比如他热情拥护鲁道夫·斯坦纳的人智学说……我也可以把他设想成认为物质世界不止于此，还有一个超验世界尚待发现的人……当不幸来临，当可怕的灾难赫然逼近，恐惧袭来，他用自己的方式向上帝求助，这是他唯一的希望……这是绝望的时刻。

德·布朗特：你塑造的人物好像总是处于真正的精神生活的初级阶段，是一种持久延续的天真无邪……

塔可夫斯基：在我看来，亚历山大尽管历经波折，但还是一个快乐的人，因为他对结果充满信心。想想他经历的一切，我觉得要说他还处在某种初级阶段，好像很奇怪……在宗教方面，最重要也最难的问题就是相信……

德·布朗特：但是这种信仰从某种意义上来说近乎荒谬……

塔可夫斯基：这是最自然不过的了！我认为如果有人做好了牺牲自己的准备，就可以被称作信徒。当然有奇怪的地方……亚历山大在牺牲自己的同时，也要求其他所有人牺牲自我……这是有点荒谬的。不过他又能怎么做呢？毫无疑问，在所有人眼里，他丧了命；但显而易见，他得到了救赎。

德·布朗特：有人说《牺牲》中弥漫着伯格曼式的气氛。你承不承认电影受到了这位瑞典导演的影响，还是说这是电影拍摄地的精神氛围造成的？

塔可夫斯基：我完全不能认同这种看法。伯格曼谈到上帝的时候，不是说上帝静默不语，就是说上帝不在。所以他和我没有可比性。这些评论很肤浅，他们这样说，不过是因为我的电影主演也演过伯格曼的电影，或者电影展现了瑞典风光，他们对伯格曼一无所知。他们肯定不知道什么是存在主义，因为与其去研究伯格曼的宗教观点，不如看看他和克尔凯郭尔的观点多么相似。

德·布朗特：在你的所有电影中，《牺牲》似乎最具"戏剧色彩"。你有没有想过把某些场景搬到剧院的舞台上？

塔可夫斯基：有实现的可能性，不过我觉得相比之下，以舞台形式呈现《索拉里斯》或《潜行者》难度更小。但是场面的恢宏性可能会大打折扣，而且显得矫揉造作……电影吸引我的地方就在于，它有自己的时间和节奏，不用迁就观众。如果把电影搬上舞台，就破坏了我在电影中呈现的时间状态，这是非常重要的东西。失去了它，一切都会分崩离析。

德·布朗特：主演厄兰·约瑟夫森私下里和你尤为志趣相投。能不能跟我们说说你们之间的关系？

塔可夫斯基：实际上，电影的核心角色是为厄兰·约瑟夫森和艾伦·埃德渥量身打造的。其他角色都是后来找的。

德·布朗特：你怎么选中了瓦莱莉·迈蕾丝？

塔可夫斯基：一般来说，电影都会毁了演员。我们用演员，我们让演员蒙羞。瓦莱莉·迈蕾丝愿意出演这个小角色，我非常高兴。专业人士会从电影里发现她的潜力，看到她的能力所在。实际上，选角过程很简单。因为法国投了一大笔钱用于电影制作，其中一条合作条款规定，电影要有一名法国演员出演，这种要求很正常。他们给了我二十个女演员的名单，我选了迈蕾丝。她完全符合我寻找的马约尔的形象——一个性格沉稳、自信纯粹的乡村女人。我非常感谢她。

德·布朗特：在《牺牲》结尾，树和房子一起烧起来了。你有没有很吃惊？

塔可夫斯基：我的电影里从来不会有意外。为什么树会和房子一起烧起来？如果只有房子着火，那就像是又一场"电影式起火"，一点也不真实，没有新意……

德·布朗特：这场面有些残忍……

塔可夫斯基：本来就是一株枯树，移植过去的，它是装饰元素。

德·布朗特：在《乡愁》中，你给主人公设计了这样的台词："在我们的时代，人类应该建造金字塔。"你心目中的金字塔是什么样的？

塔可夫斯基：人应追求精神上的卓越，应该给千百万年后的人留下待解的秘密，而不是让人回想起过往灾难的片片废墟……我不知道……不过不管怎样，都不可能是切尔诺贝利的核工厂，应该是相反的东西。

德·布朗特：你说过非常仰慕罗伯特·布列松，但是你们俩的电影风格完全不同。布列松倾向于大量删减画面，对于某些核心问题，他也是大笔带过，言浅意深……

塔可夫斯基：实际上在我心目中，罗伯特·布列松是世界上最优秀的电影导演。我对他只有深深的崇敬。撇开这个不谈，其实我觉得我们俩之间没有太多相似之处。

我做不到像他一样删减镜头；这会让我觉得在杀死一个活生生的人。

德·布朗特：最近有人告诉我，他的一个朋友有自杀倾向。这位朋友看了《牺牲》后，痴痴地坐了近两个小时。他声称自己重新燃起了活下去的希望。

塔可夫斯基：我觉得这强过任何看法、任何评论……《伊万的童年》上映后也发生过类似的事件。一名在监狱服刑的犯人写信给我说看了我的电影。他的心里发生了翻天覆地的变化，决定从此改过自新。

德·布朗特：为什么你的电影中经常出现悬浮的场景？比如说悬在空中的人？

塔可夫斯基：很简单，因为这样的场景蕴藏着无限潜力。还有一些类似的东西能增强电影的氛围感，拍出来很美。同样，水也是我心中举足轻重的元素。水是活的，它有深度，会运动、变幻，它可以像镜子一样反射影像，人在水里可能会溺亡，人可以喝水，也可以用水清洗自己，等等。更不用提水是一种不可分割的分子，是一种单子。

这就像我设想某个人可以飞能给我带来愉悦感一样……我觉得自己感慨万千。如果有蠢人问我，在我的上一部电影中为何有人悬浮在空中，我会告诉他，"因为有女巫"。如果聪慧敏锐、诗意灵气的人问我，我会告诉他，因为对亚历山大和玛利亚两位人物来说，爱并非《巴黎野玫瑰》(Betty Blue)出品方所呈现的样子。

对于我来说，爱是互相理解的最高表现形式。这是性行为无法表达的。如果可以的话，为什么不干脆把公牛和母牛交配的场景拍成电影？现在大家觉得，因为有严苛的审查制度，"爱"在银幕上才越来越罕见。实际上，我们看到的不是爱而是性。对于每个人、每对情侣来说，性都是独一无二的，但要将其呈现在电影中，却是另一回事。

德·布朗特：在去玛利亚家的路上，亚历山大迟疑了，这是他对信仰的迟疑；而玛利亚也有一次对爱的迟疑，是在决定要不要和亚历山大睡觉的时候。这两种迟疑是一样的吗？

塔可夫斯基：要显示两人之间的真心诚意，唯一的方式就是找到两个人之间不可能成之而成之的关系。如果要实现这一点，就必须强迫两人克服彼此间的差异……

德·布朗特：拍摄《牺牲》的过程中，你有没有发现自己的艺术风格发生了变化？

塔可夫斯基：从思想的深度、对于现代人类世界的窥探的角度来说，我认为《牺牲》比之前的电影更好。但是从艺术和诗学价值上来看，《乡愁》比《牺牲》更胜一筹。因为《乡愁》不依赖任何东西。电影之所以存在，仅仅是因为存在诗意的画面。而《牺牲》则基于传统戏剧创作。因此我对《乡愁》偏爱一些。我一直仰慕布列松慎终如始，敬佩他所有作品中始终如一的精神。《牺牲》中反复出现的内容，比如每个早晨都有一杯水倒入水池，关于体制的讨论，等等，都不是偶然为之。这些对于我来说都是非常关键的东西。我讨厌碰运气。哪怕最有诗意的画面、最未经雕琢的东西，也都不是意外。

德·布朗特：《潜行者》与《牺牲》似乎非常像……

塔可夫斯基：实际上，我觉得《牺牲》的一致性更强。

也正是这种保持理智、一致的需要，才会把人逼疯。在这个意义上，《牺牲》是我的其他电影都无法比拟的。

德·布朗特：你为什么把圣安东尼这个主题纳入未来的拍摄计划？

塔可夫斯基：什么是圣洁，什么是罪恶？成为圣人是件好事吗？这些问题一直萦绕在人们心间。我选择这个主题，正是因为觉得现在必须研究这些冲突问题。因为从东正教的观点来看，教会是非常重要的。东正教徒认为，教会是有共同信仰之人的联合。当圣人抛下一切时，他为什么要这么做？因为他想拯救自我。但是其他人怎么办？入世和自救之间的关系让我苦苦思索。

德·布朗特：那为什么要选圣安东尼？

塔可夫斯基：是谁不重要，换成其他人也可以……我看重的是剧情效果，关键是一定要呈现人类为实现物质和精神生活的协调发展而付出的种种努力。

德·布朗特：你还准备拍斯坦纳的福音书，为什么？

塔可夫斯基:斯坦纳不是我选的。人人都想让我拍一部关于他的电影。拍斯坦纳的福音书算是我对大家的回应。不过我还不能确定。那些希望找到解决方案、努力探寻出路的人才是我的兴趣所在。而那些声称已经找到的人……在我看来都在撒谎。

德·布朗特:那为什么想拍一部关于 E. T. A. 霍夫曼的电影呢?

塔可夫斯基:霍夫曼,这事已不是一两天了。我对他的浓厚兴趣源于广义的浪漫主义,其次才是他本人。你回想一下克莱斯特和未婚妻的生平故事,就能明白我想表达的意思。浪漫主义者总是把生活想象成与现实不同的样子。他们最讨厌的就是例行公事、日常习惯,以及生活中一成不变的事物。浪漫主义者不是斗士。当他们消失后,他们创造的幻想也就烟消云散。我觉得用浪漫主义视角来看世界非常危险,因为在这种视角下,个人天赋被推到了至关重要的位置。但是还有比这更重要的事情。

德·布朗特：你和东正教会的关系究竟是怎样的？

塔可夫斯基：显然不顺畅。此前我生活在苏联。然后我去了意大利，现在住在法国。因此很遗憾，我没有机会与教会保持正常联系。如果我去佛罗伦萨做弥撒，仪式不是由希腊人主持，就是意大利人主持，从来没有见过俄罗斯人。那是东正教，不过是希腊正教什么的。近来只有一件事给我留下了非常深刻的印象，那就是我在伦敦与主教安东尼·布鲁姆的会面。与教会之间建立联系需要稳定的生活，而我却有点像炸弹袭击后埋在废墟之下的人……所以要我回答这个问题太难了。

德·布朗特：有人说，共产党员作家卢那察尔斯基有意突出1917年十月革命的宗教特征。对此你怎么看？

塔可夫斯基：他在哪里说的？太愚蠢了！或许他想以这种方式，为自己对共产革命的崇敬之情贴上标签！我不认为他说过这样的话。

德·布朗特：你似乎对《启示录》中的世界末日非常感兴趣，好像迫不及待地希望这一天到来……

塔可夫斯基：不是的，我只是关注我们身在何处……而且既然《启示录》讲的确实是末日的故事……

德·布朗特：奥利维耶·克莱芒特在《远见者》(*The Visionaries*)一书中称，尼古拉·费奥多罗夫认为传统的个人禁欲主义会演化成集体行为，从而彻底改变文化的面貌。你怎么看？

塔可夫斯基：如果禁欲主义、内在努力可以改变世界走向，为什么四千年的文明还会落入灾难性的结局？经历过各各他受难①，两千年的时间足以把人类引向正确的方向。但是人类并没有留意。我认为，如果觉得这些无足轻重，就会贻害无穷……但从某种意义上来说，它推动……人类勇攀高峰。如果没有发生这些，一切都无从说起。

德·布朗特：有几次我看到你在读别尔嘉耶夫②的

---

① 各各他是耶稣受难地。
② 别尔嘉耶夫(1874—1948)，俄罗斯思想家，被誉为当代最伟大的哲学家和预言家之一。

书。你觉得自己是他的拥趸吗？

塔可夫斯基：不是，我完全不赞同他的观点。他看待问题总是高高在上，好像自己都能手到擒来。我不相信像斯坦纳、别尔嘉耶夫这样的人。否则我就得承认，这世上真的有人拥有与生俱来的学问。这是不可能的。

德·布朗特：但基督徒常说，基督是唯一的救世主……

塔可夫斯基：人类真正拥有的只有信仰。伏尔泰说："如果上帝不存在，那就要把他创造出来。"伏尔泰这样说，不是因为他不相信上帝，他是一个信仰坚定之人。唯物主义者和实证主义者利用伏尔泰这句话，做了错误的解读。只有信仰才能救人类，我对此深信不疑。如果不是这样，人们要怎么办呢？这是唯一毋庸置疑地掌握在每个人手中的。其他一切都是不现实的。

德·布朗特：你如何理解陀思妥耶夫斯基所说的"美可以拯救世界"？

塔可夫斯基：关于这句话有很多猜测，他的这种表达常常会引发低俗的臆想。当然,陀思妥耶夫斯基所说的美,是指精神上的纯洁无瑕。他说的是梅诗金公爵和罗果仁那样的,而不是像娜斯塔霞①那样外表美丽,那实际上是廉价的、不体面的⋯⋯

德·布朗特:你曾说,应该按照造物主的形象来创造人类⋯⋯

塔可夫斯基:这很重要,但也不是那么重要,对我来说,就像呼吸空气一样⋯⋯

德·布朗特:你觉得艺术家和僧侣、圣人有什么区别?

塔可夫斯基:他们遵循完全不同的路径。圣人和僧侣拒绝创造,因为他们不曾入世。圣人和僧侣标榜的就是不与世俗同流合污。这和佛教及东方哲学有很多相似之处⋯⋯然而艺术家,可怜的艺术家⋯⋯又一次发现自己陷入了世间纷繁事务的泥沼之中。不过我们也知道法

---

① 罗果仁和娜斯塔霞是陀思妥耶夫斯基作品《白痴》中的人物。

国诗人兰波的例子，他不想做诗人。还有许多像他这样的人。

我对僧人抱有同情之心，因为他们只活在自己的世界里。但艺术家可以全面开花，可以犯错，可以放纵自己，让自己的灵魂受损。但这不会把圣人和诗人固化成天使与恶魔的形象。但是人们时常发现自己的处境完全不同。圣人会得到救赎。艺术家可能不会。从这点上看，我相信上天的恩赐，就像……赫尔曼·黑塞所说："我倾尽一生想要成为圣人，实际上我却是罪人。我只能靠上天的启示活着。"他的意思就是自己无法言行一致。

圣人和艺术家有相似之处，但也有一些不同的问题……关键在于，人以正当的方式生活。努力模仿造物主或者寻求自我救赎。拯救自己或者致力为整个世界创造更富足的精神氛围。

谁知道我们离大限之日还有多久呢？人活于世，要抱着明天就要把灵魂奉献给上帝的想法。某些天才一生都奉献给了你问我的这个问题。这就是拍电影的目的。这就是我想在关于圣安东尼的电影中探讨的问题，为了领悟并解释人类无法承受的这个问题。真正到了最后，死亡还是生存已不是问题所在,因为我们每个人都会死,不是同归于尽就是一个接一个……

"Faith Is the Only Thing That Can Save Man" by Charles H. de Brantes from *France Catholique*, no. 2060 (June 20, 1986). Translated from French into English by John Gianvito.

中英文作品名对照表

《安德烈·卢布廖夫》   *Andrei Rublev*

《今天不离去》   *There Will Be No Leave Today*

《镜子》   *The Mirror*

《旅行时光》   *Voyage in Time*

《潜行者》   *Stalker*

《杀手》   *The Killers*

《索拉里斯》   *Solaris*

《提炼》   *Extract*

《牺牲》   *The Sacrifice*

《乡愁》   *Nostalghia*

《压路机和小提琴》   *The Steamroller and the Violin*

《伊万的童年》   *Ivan's Childhood*

中英文人名对照表

A

阿巴多,克劳迪奥	Abbado, Claudio
阿巴洛夫,爱德华	Abalov, Eduard
阿布拉莫夫,瑙姆	Abramov, Naum
阿洛夫,亚历山大	Alov, Aleksandr
埃德渥,艾伦	Edwall, Allan
爱森斯坦,谢尔盖	Eisenstein, Sergei M.
埃索里亚尼,奥塔	Iosseliani, Otar
安德罗波夫	Andropov
安德森,林赛	Anderson, Lindsay

安东尼奥尼,米开朗基罗　　　Antonioni, Michelangelo

安哲罗普洛斯,西奥　　　　　Angelopoulos, Theodoros

奥尔米,埃曼诺　　　　　　　Olmi, Ermanno

奥夫奇尼科夫,维亚斯拉夫　　Ovchinnikov, Vyacheslav

奥加尼西安,巴格拉特　　　　Oganesyan, Bagrat

奥特,塔尼娅　　　　　　　　Ott, Tanya

B

巴别尔,伊萨克　　　　　　　Babel, Isaac

巴格里沃,多纳泰拉　　　　　Baglivo, Donatella

巴赫　　　　　　　　　　　　Bach

巴赫曼,吉迪恩　　　　　　　Bachmann, Gideon

邦达尔丘克,谢尔盖　　　　　Bondarchuk, Sergei

贝多芬　　　　　　　　　　　Beethoven

贝多利,埃里奥　　　　　　　Petri, Elio

贝库,马利卡　　　　　　　　Beiku, Marika

贝洛基奥,马可　　　　　　　Bellocchio, Marco

贝舍纳利耶夫,博洛特　　　　Bejshenaliyev, Bolot

D

达·芬奇,列奥纳多	da Vinci, Leonardo
达尼拉	Danila
德·布朗特,夏尔·H.	de Brantes, Charles H.
德尔图良	Tertullianus
德拉·弗朗切斯卡,皮耶罗	della Francesca, Piero
德瓦里厄,克莱尔	Devarrieux, Claire
邓普西,迈克尔	Dempsey, Michael
狄奥凡	Theophanes the Greek
杜辅仁科,亚历山大	Dovzhenko, Aleksandr
顿斯科伊,德米特里	Donskoi, Dimitri
多米尼克	Domenico

F

法斯宾德,赖纳·维尔纳	Fassbinder, Rainer Werner
费奥多罗夫,尼古拉	Fyodorov, Nikolai
费里尼,费德里科	Fellini, Federico
福尔曼,米洛斯	Forman, Milos
伏尔泰	Voltaire

哈特,蒂姆	Harte, Tim
海明威,欧内斯特	Hemingway, Ernest
黑塞,赫尔曼	Hesse, Hermann
黑泽明	Akira Kurosawa
胡茨耶夫,马林	Khutsiyev, Marlen
霍伯曼,J.	Hoberman, J.
霍夫曼,E. T. A.	Hoffmann, E. T. A.
霍克斯,霍华德	Hawks, Howard
霍米亚科夫	Khomyakov

J

吉伯特,埃尔韦	Guibert, Hervé
吉卜林,约瑟夫·鲁德亚德	Kipling, Joseph Rudyard
捷列霍娃,玛格丽特	Terekhova, Margarita

K

卡蒂埃-布列松,亨利	Cartier-Bresson, Henri

库珀,查尔斯   Cooper, Charles

库珀,基蒂   Cooper, Kitty

L

拉多涅日斯基,谢尔盖   Radonejsky, Sergei

拉摩里斯,艾尔伯特   Lamorisse, Albert

拉斯柯尔尼科夫   Raskolnikov

莱姆,斯塔尼斯瓦夫   Lem, Stanislaw

莱维,唐   Levy, Don

兰波,阿蒂尔   Rimbaud, Arthur

劳施,厄玛   Rausch, Irma

列斯科夫   Leskov

卢布廖夫,安德烈   Rublev, Andrei

卢那察尔斯基   Lounatcharski

卢梭,亨利   Rousseau, Henri

罗丹,奥古斯特   Rodin, Auguste

罗果仁   Rogozhin

罗姆,米哈伊尔   Romm, Mikhail

N

娜斯塔霞	Nastasia
纳乌莫夫,弗拉基米尔	Naumov, Vladimir
内泽班德,金特	Netzeband, Günter

P

帕尔,苏珊娜	Pál, Zsuzsanna
帕夫洛娃,拉瑞莎	Pavlova, Larissa
帕拉杰诺夫,谢尔盖	Parajanov, Sergei
帕索里尼,皮埃尔·保罗	Pasolini, Pier Paolo
培根,弗朗西斯	Bacon, Francis
皮尔里,杰拉尔德	Peary, Gerald
普多夫金,弗谢沃罗德	Pudovkin, Vsevolod
普希金	Pushkin

Q

R

S

申格拉亚,吉奥尔吉	Shengelaya, Georgiy
圣安东尼	Saint Anthony
施尼策尔,鲁达	Schnitzer, Luda
施尼策尔,让	Schnitzer, Jean
舒尔曼,肯	Shulman, Ken
斯里尼瓦桑,茜塔	Srinivasan, Seetha
斯塔斯卡瓦奇,安妮	Stascavage, Anne
斯坦纳,鲁道夫	Steiner, Rudolf
斯特里克,菲利普	Strick, Philip
斯特鲁加茨基	Strugatsky
斯托恰克,塔提阿娜	Storchak, Tatiana
斯沃尔卓夫	Svortzov
索德伯格,史蒂文	Soderbergh, Steven
索尔仁尼琴,亚历山大	Solzhenitsyn, Aleksandr
索洛尼岑,安纳托利	Solonitsyn, Anatoliy
索斯诺夫斯基	Sosnovsky

T

塔可夫斯基,阿尔谢尼·	Tarkovsky, Arseni

西贝尔伯格,汉斯-于尔根	Syberberg, Hans-Jürgen
西芒,米歇尔	Ciment, Michel
夏里亚宾,费多尔·伊万诺维奇	Chaliapin, Fedor Lvanovich

Y

亚科维诺,韦利亚	Iacovino, Velia
扬科夫斯基,奥列格	Yankovskiy, Oleg
叶尔马什,菲利普	Yermash, Filip
叶夫图申科,叶夫根尼	Yevtushenko, Yevgeni
叶戈尔金娜,安娜	Egorkina, Anna
伊林,伊万	Ilyin, Ivan
伊希莫夫,V.	Ishimov, V.
尤金伲亚	Eugenia
尤索夫,维迪	Yusov, Vadim
约翰逊,托马斯	Johnson, Thomas
约瑟夫森,厄兰	Josephson, Erland

Z

佐丹奴,多美兹亚娜	Giordano, Domiziana